Wigla

KOMMUNIKAZE

Für
Ulrike Kowalsky
und
Sabine Vogel

Wiglaf Droste

KOMMUNIKAZE

Mit Zeichnungen von F.W. Bernstein
und einer Gastgeschichte von Max Goldt

Umschlagzeichnung:
F.W. Bernstein
Zeichnungen:
F.W. Bernstein, Wiglaf Droste (S. 130)
Fotos:
Roland Owsnitzki / Votos

Satz und Layout:
JetSet Verlags GmbH Berlin
Umschlaggestaltung:
JetSet Verlags GmbH Berlin
Druck:
Bloch & Co GmbH Berlin

Postfach 360120, 1000 Berlin 36

ISBN 3-88999-009-6

Vorwort

Das wiiierrt ein schlächtärr Biechärrhärrbst!

Es ist ein Jammer: Ein Vierteljahrhundert hat er sie herbeigeredet und mitherbeigeführt, seine geliebte „Krise der deutschen Nachkriegsliteratur", mit Verve und Vehemenz, mit Pathos und Penetranz, gleichermaßen beseelt von Ahnungslosigkeit wie Einsatzfreude, und doch mußte Marcel Reich-Ranicki, der letzte große Clown des Gewerbes, seinen Stuhl bei der *FAZ* freimachen für einen dieser magermilchgesichtigen Dutzendfuzzis, die sich im medialen Nullundnichtig-Gewürge breitmachen für und für – man denke nur an Bresser, Engholm und dergleichen Elend, von dem es so viel gibt auf dieser Erde.

Zum Beispiel dieses: Eine Gruppe *Bewußte Nicht-Leser* formiert sich zur Schlacht gegen das geschriebene Wort. Vergeudung von Energie und realer Lebenszeit sei das Lesen von Druckerzeugnissen, so das Analphabet dieser Top-Strategen. Nun ist unbedingt richtig, daß man freudig und vorbehaltlos begrüßen soll, was einem das Leben an Vollerlebnissen in die Hände spielt bzw. vor die Füße wirft; von drei jungen Männern etwa, die einem im Aggregatzustand nicht mehr zu überbietender Trunkenheit und *Hurra hurra hurra, wir sind wieder da* skandierend entgegenstraucheln, soll man sich ebensowenig dünkelhaft und despektierlich abwenden wie von dem Geschäftsmann, der, von Anzug und Krawatte notdürftig zusammengehalten und doch in der großen fremden Stadt unter die Räder gekommen, ebenso ausladend wie eindringlich *Könnse mir ma dreimaakachssich leihn? Brauch ich dringnd. Dreiachssich, ja?* erbittet. Scheitern, auch wenn es vordergründig ohne Grazie daherkommt, hat immer Würde, und wenig Schlimmeres gibt es, als kleinlich, geizig, pingelköpfig und auf ein süßliches Erfolgsschnäuzchen auch noch stolz zu sein.

So berauschend und erstaunenmachend das Durchstreifen der Alltagswelten auch ist: Manchmal ist es angemessen, sich in eine Ecke zu setzen, den Mund zu halten und sich in ein Buch zu versenken. Bücher sind wunderbar; ich habe nie aufgehört, sie zu lesen, seit sich mir vor zweiunzwanzig Jahren diese Welt mit Karl Mays *Unter Geiern* eröffnete.

Dieses Buch ist ein durcheinanderes. Pflicht und Neigung bzw. Kür wechseln einander ab, Obligatorisches wie das Verletzen von eingebildeten, z.B. religiösen Gefühlen oder das Verächtlichmachen von Armeen steht gleichberechtigt neben vom Dämon des manischen Reimzwang Durchdrungenem, und die Steppdeckenwölfe des alternativen Geschäftemachens gehören ebenso abgeheftet wie die wichtigwedelnden Flachkräfte des offiziösen Kulturbetriebs, auch wenn einige der hier beschriebenen Figuren bereits vom *Zeitgeist* – Du wirst jung sein, schön sein, reich sein, wirst im Kopf unglaublich weich sein – hinweggespült worden sind.

Die Hauptklippe beim engagierten Schreiben, die Unmöglichkeit, mit der bloßen Faust in die Tasten zu schlagen, konnte ich nicht umschiffen; dennoch habe ich mich stets dem Namen meiner Schreibmaschine, *Torpedo*, verpflichtet gefühlt. Ein Buch kann eine Waffe sein: Vor gut drei Jahren schleuderte ich mein damals mir liebstes, Mark Twains *Huckleberry Finn*, nach jenem unangenehmen Mitmenschen, mit dem ich die Wohnung teilte und der mich auf das Tragen von Hausschuhen bzw. Schlappen verpflichten wollte;

statt ihm den Arm, brach ich dem Buch den Rücken und bereue das heute noch.

Selbstverständlich wünsche ich mir Ruhm, Ehre, Klassizität und alles; wenn aber irgendwann, in nicht allzu fernen noch geistverlassenen Zeiten, ein junger Mann und eine junge Frau vor ihrem gemeinsamen Bücherregal, in dem allein dieses Buch sich befände, einander tief und warm in die Augen sähen, und der junge Mann mit weichbelegter, zärtlicher Stimme sagte: „Liebes, schau einmal, unser Buch!" – das würde mich ehrlich freuen.

Wiglaf Droste
Frühling 1989

P.S.: Dank an F.W. Bernstein, Mathias Bröckers, Max Goldt und Roland Owsnitzki, und Küsse auf die Drei Tornados.

Kanal voll

Schon möglich, daß die Idiotie des Daseins wahrhaft *alles* rechtfertigt – ich jedenfalls bin Bötchen gefahren. Nicht mit Geschichte, Werkstatt, Lernziel und Horizont, nein, einfach so, von der Kottbusser Brücke in Kreuzberg bis zur Hansabrücke in Moabit.

Befreit vom Ballast kultureller und historischer Erbauung offenbart sich aufs schönste der komplette Unfug einer solchen Unternehmung. Der Morgen ist klar und kühl, aber sonnig, unter den Bäumen liegen die ersten glänzenden Kastanien. Alles könnte friedlich sein, aber das unruhige Fleisch muß durch den Tag ramentert werden und wuchtet sich auf ein Schiff. Es heißt ‚Brigitte' und sieht auch so aus – eine ältere Fregatte, passend zum Kapitän, einem bärbeißigen Sechziger mit Mütze und Strickweste. Wir legen ab.

Ein unsichtbar bleibender Mensch nutzt die Gelegenheit, anderen schon am frühen Morgen in den Ohren zu liegen und schwadroniert Histörchen erzählend drauflos: „Also Paul Lincke hat ja einmal gesagt: ‚Ich bin der einzige Lin(c)ke, der noch recht hat.'" Immerhin lacht er selbst darüber: „Ein bißchen Flachs muß sein." Jaujau.

Fotoapparate werden gezückt und die Ufer konsequent und flächendeckend abgeknipst. Es gibt da Häuserfassaden, junge Frauen auf Uferbänken, und ein paar Penner legen schon früh das Motto auch dieses Tages fest: ‚Besoffen – was sonst?' Auch auf der ‚Brigitte' schmeckt es einigen schon wieder – ein Grüppchen Mittvierziger stellt mürb daherplaudernd einen anständigen Morgenrausch sicher.

Ein älterer Herr, ganz Fernsehmärchenonkel bzw. Leihopa, belügt dreist einen kleinen Jungen, offensichtlich sein Enkel: „Opa ist ganz klein und du bist ganz groß", greint er mit gestellter Kinderstimme auf den Jungen ein. Der ist aber nicht dumm und schüttelt ernst den Kopf: „Warum lügst du, Opa?" Der Alte läßt die Maske des netten Idioten fallen und flucht auf das Kind ein.

Die ‚Spreenixe', noch so ein Schiff, kommt uns entgegen. Debil wirkende Menschen winken fröhlich herüber, die Biertrinkerfraktion prostet lauthals zurück und beginnt ein Lied, fängt sich dann aber doch im letzten Moment. Am Fraenkelufer ist der Kanal voller Kanus und Kanuten (das sind die, die darin sitzen). Ein Transparent weist auf den ‚Berliner Kanu Marathon' hin, an den Ufern stehen angespannte Damen und Herren und reiben sich die Knöchel. Paddelblätter stechen ins dunkle Kanalwasser, neben ein paar aufgescheuchten Wasserratten zischt ein Kanu vorbei. ‚Duo Express' heißt es und ist mit zwei athletischen älteren Damen bestens besetzt.

An der Schleuse im Tiergarten hält die ‚Brigitte' und gibt den Biertrinkern Gelegenheit zu Umschau und Dialog. Während die Kanuten ans Ufer jagen, aus ihren Leichtbooten jumpen, sie unter die Arme klemmen und mit ihnen um die Schleuse herumwetzen, gibt „die Kanurolle" als solche an Bord ein Klassethema her. Auch der Mann am Mikrophon meldet sich wieder zu Wort, allerdings nur, um sich schon mal von denen zu verabschieden, die an der Hansabrücke tatsächlich aussteigen wollen oder müssen – man kann nämlich diese großartige Strecke auf dem gleichen Boot auch noch zurückfahren und all die aufregenden Dinge gleich noch einmal auf sich einprasseln lassen.

In den Umarmungen des Alltags lernen wir die Liebe zum Leben. Darauf wollen wir trinken und auf die Gnade der frühen Verblödung. Die Bar ist geöffnet.

Arbeitseinsatz

Wenn ich aus meiner Haustür in einen neuen Tag falle, weist mich links um die Ecke ein Schild auf den Zustand der Welt hin: *Arbeitseinsatz* steht da schwarz auf weißem Leuchtstoff, und eine rote Blinkschrift im darunterliegenden Schaufenster ergänzt: *Bis fünf Uhr melden!*

Ein Arbeitsvermittlungsbüro residiert hier, ein Sklavenhändler, der Knochenjobs wie Kohlenschleppen für fünf bis sechs Mark in der Stunde vergibt und sich selbst dabei das Drei- bis Vierfache einsteckt. Kommt man hier zwischen vier und fünf Uhr morgens vorbei, füllt regelmäßig ein gutes Dutzend grauer, verbrauchter, bekümmert und sprittig aussehender Männer das Kontor, dessen Namen nicht zufällig dem Jargon der KZ-Bürokraten entstammt: Auf den *Arbeitseinsatz* folgt die *Sonderbehandlung*, das heißt: der Tod.

Hundert Meter weiter, an der nächsten Ecke, bietet ein *plus*-Markt Waren an: *plus* steht für *prima leben und sparen*, früher gehörte die Filiale zur *real*-Kette, *real* wie *richtig einkaufen angenehm leben*. Im Milchprokukteregal dieses Lebensladens findet sich ein Frischkäse namens *Cortina*, Preis Einemarkneunundsiebzig, eine Art *Philadelphia* für Sozialhilfeempfänger, die es reichlich gibt in dieser Gegend. Unter dem Plastikdeckel des Schmierkäseschälchens klemmt ein doppelt gefaltetes Glanzpapierheft: *Reinhold Messner erzählt für Cortina – Spannende Erlebnisse und wertvolle Tips.* Für vier Folgen haben gesammelte Erfahrungen und aufgehäuftes Wissen des Bergbesteigers ausgereicht.

Klappt man eine der Broschüren auseinander, gibt es vorn jeweils ein Panoramabild mit wahlweise Gipfel oder Gletscher und ein *spannendes Erlebnis*, das auf der Rückseite durch den *ganz persönlichen Fitneß-Tip* inclusive Reinhold-Messner-Gesichtsmatratzenfoto und *mein Lieblingsrezept mit Cortina* abgerundet wird. Folge 1 der in den Geschmacksrichtungen Natur-Frischkäse und Kräuter-Frischkäse angebotenen 200-Gramm-Doppelrahmstufe:

„Reinhold Messner:

Der Nanga Parbat – mein erster Achttausender und mein schlimmstes Erlebnis. (8125m)

Am 27. Juni 1970 erreichen wir den Gipfel des Nanga Parbat. Mein Bruder Günther ist sehr müde, erste Anzeichen der Höhenkrankheit stellen sich bei ihm ein Schon beim Abstieg merke ich, daß er nicht mehr weit kommen wird.

An diesem Nachmittag, bei aufkommendem Gewölk, entschließe ich mich kurzfristig, mit Günther ein Stück in die Westflanke abzusteigen. In der Hoffnung, daß andere Bergsteiger aufsteigen werden, um uns zu helfen, warten wir eine fürchterliche Nacht lang ab. Wir biwakieren in 8000 m Meereshöhe ohne jeden Schutz, ohne Daunenjacke, ohne Sauerstoffgeräte, ohne zu essen, ohne zu trinken. Es ist eine Nacht, die uns körperlich und seelisch aushöhlt.

Am anderen Morgen sehe ich kaum noch eine Chance, irgendwohin zu gehen, geschweige denn, bis an den Fuß des Berges zu gelangen. Ich bin dem Wahnsinn nahe. In diesem Augenblick falle ich hin – mein Geist erhebt sich über meinen Körper. Ich sehe mich den Berg hinabrollen, doch noch einmal habe ich die Energie, in meinen Körper zurückzugehen – ich muß meinen Bruder in Sicherheit bringen. Am dritten Tag dieses qualvollen Abstiegs – wir sind schon weit unten im flacheren Gletscher, und ich gehe voraus, um den Weg zu suchen – kommt Günther nicht mehr nach. Erst als ich zurückgehe und die große Lawine sehe, die inzwischen abgegangen ist, ahne ich, daß er darunter begraben liegen muß, daß ich allein bin.

Ich brauche viele Jahre, um den Tod meines Bruder zu überwinden.

(Ein Auszug aus dem letzten Buch von Reinhold Messner: ‚Überlebt. Alle 14 Achttausender', erhältlich im Buchhandel.)"

Dies garniert mit dem *Lieblingsrezept*, einer *„Porree-Cremesuppe (für zwei Personen)"*, die Messner aber seit dem 30. Juni 1970 ganz für sich alleine auslöffeln kann, und von der er sagt: „Wenn man fit sein will, muß man auf eine gesunde Ernährung achten. Und darauf, daß es schmeckt – sonst macht das alles doch keinen Spaß."

Nein, wenn es nicht schmeckt, macht auch eine Leiche im Schnee ums Verrecken keinen richtigen Spaß mehr. Für nur Einsneunundsiebzig packt man *wertvolle Bestandteile für eine gesunde Ernährung* und einen toten Bruder in die Plastiktüte und geht seiner Wege.

Vor dem *Arbeitseinsatz* ist Polizei aufgefahren; die Sprache des Menschenschinders hat ihren – jetzt darüber empörten – Benutzer verraten, zu unverhohlen macht das militärisch knappe *Bis fünf Uhr melden!* deutlich, daß Lohnarbeit Krieg ist: Jemand hat mit einem Pflasterstein die Fensterscheibe eingeschmissen. Und das ist ja wohl auch das mindeste.

Kriech und Fried

Und was machen Sie in Ihrer Freizeit? Was lesen Sie denn so zum Beispiel, junger Mann? fragt der dynamische Dreißiger mit der borstengesträubten Oberlippe und lächelt. Er darf das nicht nur fragen, sondern tut es ausdrücklich in Erfüllung und Ausübung seiner staatsbürgerlichen Pflicht: Ein maschinenbeschriebenes Blatt Papier an der Tür des muffigen und kahlen Schulraums weist ihn als Elmar Brok, Beisitzer, aus. Was nicht auf dem Zettel steht: Brok, heute CDU-Abgeordneter im Europaparlament, ist zu dieser Zeit zweiter Bundesvorsitzender der Jungen Union.

Der junge Mann ist Kriechdienstverweigerer und verpflichtet, Herrn Brok sowie einem Studienrat im Ruhestand und einer Hausfrau Mitte Fünfzig nachzuweisen, daß er über ein Gewissen verfügt, welches ihn daran hindert, einen Menschen zu töten.

Einen Menschen töten; nicht etwa einen, der ihm solche Fragen stellt, nach Büchern, und später noch andere, was er denn tun werde, wenn er von sieben Kerlen zusammengeschlagen ... oder seine Freundin – *Sie haben doch eine Freundin?* – vergewaltigt. *Nun stellnse sich das dochma richtich vor*, ob er nun nicht vielleicht doch einen umbringen könne, *Na also, sind doch'n ganz patenter junger Mann*, usw., die übliche Geschichte.

Alles mögliche lese er, antwortet der junge Mann, achtzehn ist er, Gedichte zum Beispiel. *Soo, Gedichte. Was denn für welche?* lehnt sich der Borstenmund zurück, *Och, Villon, Ringelnatz, Enzensberger, Fried ...* – *Fried? Erich Fried?* Der Dynamische hakt ein, triumphiert: *Der ist doch für die Terroristen.* Hahaha. Reingefallen. Der Studienrat i.R., drei angedötschte Bananen vor sich auf dem Tisch, nickt energisch, und die Hausfrau wackelt abweisend mit ihrem Senkrechtfaltenkopf. Friedliebend sein wollen und Fried lesen? Nee nee nee, Junge, kannste uns nich erzählen.

Ein halbes Jahr später sah ich Erich Fried dann leibhaftig; im Kleinen Haus des Bielefelder Stadttheaters trug er seine gerade erschienenen *Liebesgedichte* vor. Kaum hatte der kleine dicke Mann mit dem Stock und dem großen Kopf begonnen, da enterte ein Trupp wilder Gesellen den Saal, schrie *Verrat! Du hast die Arbeiterklasse verraten mit diesem Scheiß-Privatismus!*, lärmte, zeterte und zergelte in Zweidutzendstärke noch etwas herum und verschwand wieder, blitzschnell in Richtung Mangel an Privatismus.

Noch einmal Erich Fried, im September 1986. Am Nachmittag waren gerade noch dreihundert Leute zur Erinnerung an Klaus Jürgen Rattay und seinen Tod fünf Jahre zuvor auf die Potsdamer Straße gegangen, am *KOB*, einem ehemaligen Zentrum des Besetzerlebens, in dem inzwischen 1a Schöner Wohnen eingeübt wurde – Achten Sie auf die Goldkante! Es lohnt sich! –, gab es *Bürger-laßt-das-Glotzen-sein!-Kommt-herunter-reiht-euch-ein!*-Rufe, aber die Bewohner, vom Null-Bock zum Kleingärtner gemacht, merkten nicht einmal, daß mittlerweile sie gemeint waren und riefen tapfer mit.

Die Kreuzberger Kirche, in der Fried abends vor allem Autobiographisches las, war gesteckt voll, bei der Verlesung eines moralisch sicherlich sehr anständigen Gedichts gegen den amerikanischen Präsidenten, Preisklasse: Das Gegenteil von gut ist immer noch gut gemeint, tobte endlich die gesamte Gemeinde, und der Mann, an dem CDUler wie K-Gruppen sich erhitzen wie in Rage reden konnten, saß vorm Altar und süßte als Honig die Konsensmilch.

Richtig gestorben ist Erich Fried im November 1988, und wenn es den Toten auch nicht mehr jucken wird, den gemeinen Stuß, den ihm Wolf Biermann in der *taz* – wo sonst? – nachrief, hat er nicht verdient: Kein *Dichter* sei Fried gewesen, so Biermann, sondern ein *Dachter*, denn nicht *Gedichte* habe er geschrieben, sondern *Gedachte*. Das kriegst du wieder.

Epitaph für ein Schaf: Der leider viel zu spät verstorbene Wolf Biermann...

Neger nie Dieter nennen

Es begann ganz harmlos mit einer Lesung: Eckhard Henscheid hatte sich in der Berliner *Galerie am Chamissoplatz* angekündigt, und geduldig lungerten kleinere Trupps geselliger junger Menschen im Foyer dieses kulturellen Brennpunktes herum, linke Hand in der Hosentasche oder an der Zigarette und die rechte ums Getränk geballt; während ich noch mit dem Inhaber der Galerie, Herrn Tammen, wichtige Informationen und Beobachtungen austauschte – „Ein richtiges ‚Flens'-Publikum ist das hier", brummte der Galerist nicht unzufrieden – sah ich unter den Platznehmenden auch die Kollegin Frau Geighi in Begleitung eines sehr blonden, sehr gutgewachsenen jungen Mannes, der unentwegt an ihr herumnestelte, was ihr aber nicht unangenehm zu sein schien; Frau Geighi ist, wie ich selbst, in der Kulturberichterstatterbranche tätig, allerdings beinahe ausschließlich im Fach des Hochdramatischen und Schwertheatralischen, wo sie sich trotz ihrer Jugend bereits den Ruf erworben hat, profunde Kenntnis mit emotionalem Engagement in Reibung bringen und verschmelzen zu können; diese junge, vielversprechende und nebenbei durchaus flotte Person hatte nun auch mich erspäht, hob die Hand, entbot lässig einen Gruß und wandte sich wieder ihrem Begleiter zu, um ihrerseits Körperkontakt aufzunehmen.

Von einem nagenden Gefühl wie Einsamkeit angesprungen, trollte ich mich und warf mich wieder ins allgemeine Rennen. Vorfreude leuchtete in vielen Gesichtern, schließlich hatten sich alle gesetzt, und meine Vorderfrau – nicht Frau Geighi, sondern eine mir gänzlich Unbekannte – entblößte ihre Schulter, von der mich ein prächtiger Eiterpickel anlachte; nur zu gern hätte ich ihr den funkelnden Bunken ausgedrückt – ich war in einer merkwürdigen, leicht verwahrlosten Stimmung an diesem Abend – aber das hätte sie sicher nicht verstanden oder nur ganz falsch.

Henscheid erschien, Plastiktüte in der Hand, Gurkenschuhe an den Füßen, setzte sich ans Tischchen und berichtete leise von der „Uninteressiertheit unserer Katzen am Fernsehen – und zwar an allen Programmen". Durchgearbeitet das Gesicht, angegraut das volle Haar, die Beine, in einer taubenblauen Hose steckend, übereinandergeschlagen, den Oberkörper, bedeckt mit einer irisierenden Grün-Blau-Mischung, mürb gebeugt, rasch noch einen Text aus der Hosentasche ziehend und in der Unordnung der Blätter auf dem Tisch herumstochernd, fahrig-konzentriert hockte er da, sackte endlich zusammen und las eine Passage aus der „Verfilmung des Kafka'schen Landarztes". Bedächtig-zurückgenommen im Vortrag, schimmerte von dem Lesenden der tröstliche Glanz eines Menschen ab, der tief in die Wirrnis, ja, in die Idiotie des Daseins eingedrungen ist – als habe all das Ranzig-Knüppeldumme seine hirnmarternde und herzwämmsende Kraft verloren.

Von derart einschneidenden Gedanken getrieben, strolchte ich in der Pause verloren durch die Galerie, als mich auf einmal Frau Geighis Stimme in die Wirklichkeit, der ich eben so glücklich noch entronnen schien, zurückriß: Man könne doch später gemeinsam „eine Kleinigkeit trinken" gehen, blitzte sie, und ihr Begleiter, den sie mir als „das ist der Dieter" vorstellte, nickte mich auch gleich wie begeistert an und ergänzte mit einer für sein Alter erstaunlich jovialen Dumpfheit „'nen Happen essen oder so"; möglicherweise hatten die beiden schon nach ca. 45 Minuten genug voneinander – junge Menschen sind ja selten sehr gehaltvoll, für die Kurzstrecke mag es ja eben noch angehen, aber auf lange Sicht und Distanz ist da nicht viel drin und zu holen, substantiell gesehen – wie dem auch immer gewesen sein mag, ich sagte jedenfalls zu, und man verabredete sich „für nachher" in den *Heidelberger Krug*, eine unweit der Galerie gelegene Wirtschaft von gediegener Gastlichkeit – mit anderen Worten: ein Schuppen, dem noch selten jemand auf andere Weise entronnen ist als mit den Füßen voran.

Bis es aber soweit war, lief noch einmal Henscheid zu großer Form auf; geradezu feurig startete er in den zweiten Teil seines Vortrags und begann, an den Niederungen der Zerwirrnis nun auch selbst – vor fremden Leuten – Spaß zu haben. Das Publikum gnickerte ausgelassen, bei „Lust! Lust! Lust! schrien seine Negeraugen ..." ging jäh ein Ächzen durch die Reihen, wie röchelnd, ja schier sich selbst auswürgend schwoll das Gelächter, als die Worte mehr ums Untenrum kreisten. Henscheid, im Furor des für ihn so klasse sich gestaltenden Abends, setzte noch die „Buhusen"-Predigt des Adolf Sommerauer drauf, Worte wie „Sexyrummel" und „Buhusengröße" versetzten offensichtlich nicht nur den „Tränenrucksack" und Oberquallhans Sommerauer in allerhöchste Begeisterung, auch Henscheid selbst, wie behext vom Rausch dieses selbstproduzierten Glanzlichts, ruderte nun in der Luft herum und schürzte Augen wie Lippen. Immer leichter wurde es, sinnentleerter und befreiter, ganz so, als habe er, Henscheid, schon geahnt oder vorwegnehmen wollen, was an diesem Abend an ChaosAnarchieUnglück noch auf mich ausgegossen werden sollte.

Im *Heidelberger Krug* harrte bereits das Duo Geighi/„der Dieter"; energisch über ihr Weißweinglas peilend, schnatterte Frau Geighi auf mich ein, „echt geil die Lesung, echt geil der Mann, echt", „der Dieter" nickte wieder hingebungsvoll, als sei dies seine Haupt- und Lieblingsbeschäftigung, zumindest im Beisein Frau Geighis; diese wiederum knottete nun pausenlos Informationen über ihr kurzes, aufregendes und wahrscheinlich „echt geiles, echt" Leben auf mich herab; ich vergaß eingangs wohl zu erwähnen, daß die junge Kollegin mehr von der Psyche her kommt, ihres Wortschwalles, von dem mir nur Fetzen wie „Iran" bzw. „Bremerhaven" im Gedächtnis geblieben sind, zwei Vokabeln, die ich auch nach langem Grübeln und beim besten Willen nicht miteinander in fruchtbare Verbindung zu bringen weiß, unterstützt noch durch das grobnotorische wie feinmotorische Kopfnicken von „Dieter", wußte ich nicht recht Herr zu werden – jedenfalls waren wir alle drei, jeder aus einem anderen, wiewohl gleichsam einsamen Motiv heraus, innerhalb kürzester Frist stark betrunken.

Zwar weist meine Erinnerung von diesem Punkt an diverse kleinere und mittlere Lücken, ja sogar faustgroße Löcher auf; empirisch gesichert aber ist in jedem Fall diese Äußerung Frau Geighis: „Ich fahr euch jetzt nach Hause." Einwände, ihrer Trunkenheit wegen vielleicht doch lieber ein Taxi bestellen zu wollen, mochte die Kollegin keinesfalls gelten lassen und wischte sie kategorisch vom Tisch; geschlossen verließen wir den *Heidelberger Krug* und taumelten zielstrebig Frau Geighis Automobil entgegen, als der links gehende „Dieter" plötzlich ausscherte und stracks auf eine Hecke zumarschierte, um sich dort lauthals und ohne Vorwarnung klatschend zu erbrechen. Während mich dies schlagartig an meinen eigenen, ebenfalls durchaus angegriffenen Zustand gemahnte, ergriff

Frau Geighi ihrerseits die ihr offensichtlich günstig erscheinende Gelegenheit, mir mit einem blitzschnellen, hastigen, ja, auch irgendwie routinierten Griff an den Sack menschlich näher zu kommen; dies natürlich vor der recht unappetitlichen Kulisse von „Dieters" fruchtlosen Versuchen, über besagte Hecke gebeugt, seine angeschlagene Würde wiederzuerlangen, und wenn mir auch Frau Geighis Bemühungen grundsätzlich nicht unsympathisch waren, mochte ich doch die äußeren Begleitumstände nicht ignorieren, zumal jetzt überraschenderweise der zuvor doch eher schweigsame „Dieter", die Worte „Bukowski. Echt. Voll Bukowski." im Munde, den er sich gleichermaßen umständlich wie erfolglos abzuwischen versuchte, führend, sich in unsere Richtung aufmachte. Glücklich erreichten wir schließlich das Auto, einen dieser identischen Klein- und Stadt- bzw. sogar *City*-Wagen, in denen identische Menschen herumsitzen und durch identische Gegenden juckeln, einen *Ford Polo*, auf dessen Rücksitz „Dieter" augenblicklich einzuschlafen und mundoffen zu röcheln begann, während Frau Geighi wie abwesend startete und abwechselnd schaltete, mein Knie knetete, schaltete, knetete usw., bis ich irgendwann erlöst meiner Haustür zustrebte, wie weltgewandt noch „weiterhin eine schöne Nacht" wünschte, in mein Bett fiel und zügig einschlief, allerdings nur, um bereits nach ca. 30 Minuten von meinem wie wütend klingelnden Telefon jäh aus trübem Schlummer gerissen zu werden.

Am anderen Ende erklärte Frau Geighi barsch: „Ich komme jetzt vorbei. Geht das klar?" Meine Einwände, was denn mit „Dieter" sei, wischte sie mit einem laxen „den kann ich sowieso nicht mehr ab, den blöden Hund" aus der Leitung; es gelang mir jedoch, ihr mit diversen, im beschwörenden Tonfall vorgetragenen Argumenten –„geht jetzt nicht, muß schlafen, Haustür abgeschlossen, morgen siehst du das alles ganz anders" – ihr Ansinnen nachhaltig auszureden.

Meine telefonische Absage führte aber keineswegs zu einer Drosselung des Frau Geighischen Erlebnishungers bzw. Tatendurstes; als ich am nächsten Tag mit vielen Fragezeichen im wehen Kopf im Redaktionsbüro unserer kleinen Zeitung erschien, um mein Tagwerk zu vollbringen, wurde ich des Redakteurs Qpferdach gewahr, der am Kantinentisch – bei dem es sich übrigens um ein Großraummöbel der ehemaligen ‚Kommune Eins' handelt – zornig von „nächtlicher Ruhestörung" berichtete, „um halb fünf kommt die an, klingelt Sturm, und als ich aufmache, geht die einfach rein, legt sich aufs Sofa und sacht doch meiner Frau, sie soll verschwinden, weil sie jetzt mit mir einen klarmachen müßte" usw., bis er, Qpferdach, ihr nach annähernd zwei Stunden Diskussion endlich die Tür gewiesen habe.

Kurze Zeit später tauchte dann auch prompt Frau Geighi auf, begab sich pfeilgrade in die kleine ‚Flimmern & Rauschen'-Redaktion und begrüßte mich mit den überraschenden Worten „Willsten Text? Schreib ich dir. Egal was. Ich habs drauf."

Hundemüde, wie ich war, hätte ich sie in ihrem aktionistischen Drang wohl gewähren lassen, hätte nicht just in diesem Moment Kollege Qpferdach die Redaktionsstube im Sturm geentert und mit Frau Geighi einen wüsten Streit vom Zaun gebrochen, der sich zunächst noch auf verbale Injurien beschränkte, später jedoch handfeste Ausmaße annahm und sich zu einer regelrechten Prügelei auswuchs, der ich nicht ohne innere Genugtuung armverschränkt zusah; gerade aber, als beide Kombattanten in rüdem Clinch auf dem Boden liegend ineinander verwurstelt rangen, betrat ausgerechnet die ehemalige Kollegin Frau

Zucker die Szene, hißte wie bishierhinundnichtweiter angewidert ihre dunklen Brauen, erklärte in unglaublich degoutiertem Ton: „Bah! Watt seid ihr asozial!" und verließ brüsk, ja, wie für immer, den Raum.

Hadernd mit der Ungerechtigkeit dieses Vorwurfs überließ ich die beiden Kämpfenden ihrem belanglosen Schicksal und verfügte mich zu dem Fotografen Owsnitzki, einem Kollegen und väterlichen Freund, der mich mit Tee und Gleichmut wieder aufrichtete. Abends begaben wir uns in die *Regenbogenfabrik*, ein Zentrum des alternativen Kulturschaffens, zum Konzert des Gitarristen Brötzmann; in froher Erwartung klanglicher Ekstasen lehnten wir, bierchensüppelnd, an der Wand, als plötzlich ein mittelalter Schnauzbart auf uns zuschoß und deklamierte, er habe jetzt „endgültig die Schnauze voll, wegwegweg" wolle er, „Marokko oder Algerien, ach was, Libanon, ja genau, Libanon", da gehe er jetzt hin, „Libanon, genau."

Während ich noch, langsam erlöschend, verständnis- und trostheischend dem Fotografen Owsnitzki ins warme, mitfühlende Auge sah, tauchte nun zu allem Unglück auch noch Frau Geighi auf der Treppe der selbstverwalteten Kulturstätte auf, fixierte mich knapp und schritt wie mechanisch auf mich zu; ich mußte wohl in der Nacht zuvor, im *Heidelberger Krug*, ihr wie auch „Dieter" unbedacht meinen weiteren kulturellen Ereignisfahrplan ausposaunt haben, und die Strafe folgte auch auf dem Fuße: „Knips mich! Los! Knips mich!", drückte mir jetzt Frau Geighi einen Fotoapparat, eine dieser den Berufsstand der Fotografen entehrenden und um Lohn und Brot bringenden *Autofocus*-Maschinen, mit der auch Blindenhunde noch reüssieren können, in die Hand. Der möglicherweise rettende, in jedem Fall aber berechtigte Hinweis auf die Anwesenheit des zum „Knipsen" viel geeigneteren und berufeneren Fotografen Owsnitzki kam mir schon gar nicht mehr; resigniert drückte ich mehrfach auf den Auslöser, bis mir Frau Geighi das Gerät wieder entwand: „Du knipst lieblos. Total lieblos."

Glücklicherweise begann jetzt Herr Brötzmann, in betäubender und jedes weitere Gespräch vereitelnder Lautstärke, in den Saiten seiner sechsschüßigen Gitarre herumzuwühlen und -zufuhrwerken, doch war die erlösende Verschonung vom Ohrenzwang nur von kurzer Dauer: Kaum war der letzte überschnappende Ton verklungen, zupfte eine nur zu bekannte Hand an meinem Arm: „Wir müssen reden. Nicht hier. Im Auto."

Bar jeder Widerstandskraft, dackelte ich brav mit in Richtung weißer *Polo,* setzte mich auf den Beifahrersitz neben Frau Geighi, die plötzlich durchstartete und den Wagen in den fließenden Verkehr einfädelte, nicht ohne mir allerdings mit „Nippy Noya. Kennste den? Im *Quasimodo.* Heute abend. Echt gut." eine weitere Überraschung zu bereiten. Nur mit Mühe gelang es mir, sie zum Halten zu bewegen; die unter Aufbietung meiner letzten Kräfte vorgebrachte Erklärung, mir sei nicht nach asiatischem Perkussionsgepingel zumute, ließ sie sichtlich unbeindruckt. „Was machst du jetzt mit mir?", ließ sie ihren nächsten Hieb auf mich herabsausen, „Weiß nicht. Vielleicht Kaffee trinken", gab ich unschlüssig zurück, setzte dann aber mit einem vergleichsweise entschiedenen „Oder Schnaps" nach. „Aussteigen. Steig sofort aus!" fuhr mich nun, zu meinem grenzenlosen Erstaunen, Frau Geighi an; maßlos verwirrt, aber durchaus nicht unglücklich, riß ich endlich die Tür des weißen Autochens auf und lief zurück, den Herren Brötzmann und Owsnitzki entgegen.

Später, als alles vorbei war und der Fotograf im Taumel leichter Trunkenheit bestens euphorisiert irgendwelches Zeug über Macht und Ohnmacht der Liebe quallte, hielt er an einer Hecke Ecke Lausitzer/Reichenberger Straße inne, um sich Erleichterung zu verschaffen; über ihm, in der hohen Hecke, hing eine stark angeschmuddelte, ausgeleierte und im Dienst ergraute Männerunterhose Größe acht. Zufall? Schicksal? Das Reich der Zeichen? Wir wußten es nicht.

Und dann, beim UmdieEckebiegen, jäh erschrekkend, sahen wir, auf einem Begrenzungspoller hockend, mitten in der Nacht, einen riesigen Neger, mit grimmigem Gesicht.

HEMINGWAY 2.7.61.
FW-B

Hemingway

Löwenflinte griffbereit
Und ein Herz, das blutend schreit:
Einsamkeit. Einsamkeit.

Gramgesicht sehr bartumrändert
Seelenzustand unverändert:
Einsamkeit. Einsamkeit.

Bürgerkrieg. Zur Tat bereit.
Männerfreundschaft. Kurze Zeit.
Danach wieder: Einsamkeit.

Jagen, Fischen, Zeit vertreiben
Herz muß doch alleine bleiben:
Einsamkeit. Einsamkeit.

Schreibmaschine schreibt es leise
Aufs Papier, das blütenweiße:
Einsamkeit. Einsamkeit.

Whisky trinken. Tief versinken.
Ach, ich schreib noch einen Schinken.
Thema diesmal: Einsamkeit.

Hat das Leben schwer genossen
Sich entschlossen sehr erschossen
Und auf einmal wars soweit:
Keine Spur von Einsamkeit.

Rainald Goetz & Der Literaturbetrieb

bzw. Der Bluter von Klagenfurt

Ist der Zirkus noch so klein
Einer muß der Affe sein

Werkkreis Literatur der Arbeitswelt

Ich stand
Am Band.

Öl im Betriebe

Der 1. FC Delius

R. Goetz, der „Rasende Mitläufer" (Christian Schultz-Gerstein) des Literaturbetriebs, der leicht angegammelte *zornige junge Mann* mit den dekorativ und militärisch knapp dröhnenden Buchtiteln *Irre, Hirn, Krieg,* der 83er Blut-und-Hoden-Debütant von Klagenfurt, hat erneut ein Achtung!-Preiswert!-Sofortzugreifen! auf den Markt geworfen. *Kontrolliert* heißt es erstaunlich vielsilbig und ist doch nur eine Platzhirschpatrone, mit der Goetz seinen Alleinvertretungsanspruch auf den Poseurposten des kleinen RAF-Bruders erhebt. Keinen Schuß von dem Pulver wert, daß es so großzügig und ohne scharfe Munition versprengt.

Goetz, ein alter Dutzendhut, ein wohlfeiler Darsteller der Kompostmoderne – wozu die Aufgeregtheit in den Feuilletons?

Der Mann verkauft, verkauft sich, mehr wollte er nicht vom Leben, und Suhrkamp-Unseld kann sich die dicken Finger reiben. Aber a) muß die Leiche Goetz noch für zwodrei Fortsetzungen warmgehalten werden, und b) hat seine jüngste Halbsatzversammlung ein sog. *Tabu* gestreift: den deutschen Herbst 1977, die unfreiwilligen Tode von Stammheim und Mogadischu, die auf die Beseitigung des SS-Mannes H.M. Schleyer folgten, die *Bleierne Zeit,* wie sie Bleienten vom Schlage Trotta nennen; ein perfektes Themanummereins, aus dem sich ein Lore-Roman wie P.J. Boocks *Abgang* ebenso stricken wie ein Delirium vehemens von Goetz herauspressen läßt.

Auch *DER SPIEGEL*, Claqueur der Verhältnisse, als deren Kritiker er sich geriert, hat einen Verriß bestellt; dergleichen Aufträge aus Hamburg erreichten zuvor auch Goetz selbst, ‚Schlachten Sie uns doch mal eben die *Mammut*-Anthologie vom März-Verlag', hieß das Lohnschreiberangebot an Goetz, aber der besaß 1985 immerhin noch Unabhängigkeit genug, nicht zu tun, wie ihm geheißen: seine Eloge auf das dicke gelbe Buch landete folgerichtig im Papierkorb.

Für das *SPIEGEL*-Spielchen, erster Mann an der Spritze sowohl beim kulturellen Ent- wie Abdecken zu sein, wurde im Fall Goetz F.C. Delius angeheuert, auch er ein selbsternannter Mister RAF-RAF, ein enormer Schwerbescheidwisser, der mit *Ein Held der inneren Sicherheit* und *Mogadischu Fensterplatz* schon selbst zwei Ernsttümlerbände zum Thema Bleiernes Hirn vorgelegt hat; daß nun ein Jüngerer, noch dazu ungleich Erfolgreicherer wie Goetz in seinem Revier wildert, will Delius nicht dulden: Unbefugten ist der Zutritt verboten.

Das Bild käsig vor sich hinmuffelnder Füße steigt von Delius' Prosa auf, das gilt für seine Bücher wie für seinen *SPIEGEL*-Text vom Herbst 88. Auf zwo Seiten, sehr erleuchtet präsentiert zwischen dreieindrittel Seiten Reklame, kommt der gedungene Rezensent zum seit fünf Jahren bekannten Ergebnis, daß es sich bei Goetzens Treiben um *Anbiederung an den kulturellen Showbetrieb* handele; und wenn der Links- und Langeweilerpfaffe damit natürlich so hundertfach abgesichert recht recht recht hat, so ist doch sein überflüssig schwerer Weg zum leichten Ziel gepflastert mit holprigem Stuß wie diesem: *Immer öfter taucht das Thema in der zeitgenössischen deutschen Literatur auf, und das ist gut so, denn diese Ereignisse waren ein zentraler Punkt in der Nachkriegsgeschichte (...) literarische Erwartungen (...) episches Treibmittel (...) große öffentliche Tat*

(...) kollektive Ereignisse (...) gerinnt Goetz zur Parole (...) vereinzelte querdenkerische Sätze (...) Hoffnungsträger einer neuen deutschen Literatur der Hochpolemik usw., ein Hosenträger- und Allgemeinplatzwartgeschwätz mittelmäßigster Denkart, das dem Deliusneid entspringt auf einen, der ein bißchen weniger miserabel schreiben kann als er selbst, und damit ganz wunderbar ins *SPIEGEL*-Feuilleton hineinpaßt, in die Heimstätte des kritischen Opportunisten. Sie haben alle ihren Eich gelesen: Seid Öl, nicht Sand im Getriebe der Welt.

Samenkoller

Uwe Morawetz liest.

Was soll man von einem Lyriker halten, der sich seine Vorworte von Bonitätskaspern wie H. van Veen und B. Wegener schreiben läßt?

Nichts. Uwe Morawetz hat ganz viel Lyrik über ganz doll sich abgesondert, unter anderem auch so etwas: *Die Arschlöcher sterben nicht aus.* Stimmt, aber ein Anus ist er gar keiner, vielmehr ein Gewirk-und-Gewürge-Bekucker. Den *Ausfluß von Liebe, Tod und Blut* kündigt er mit großer Geste an, aber noch nicht einmal daraus wird etwas im Laufe eines eher qualdenn blutvollen Abends. *Am Scheideweg verspritzt der Mann sein Gift.* Jaujau, und *das Restsperma versickert.*

Morawetz läßt sich am Klavier begleiten bzw. handelt es sich dabei um einen Synthesizer, und wenn man denn schon so tragisch zur Taste greifen möchte wie das düstre, schwerblütige Mich-hat-die-Muse-geküßt-Jüngelchen hinter dem Keyboard-Reck, sollte man sich vielleicht doch um ein richtiges Instrument bemühen, schon wegen Anschlagsdynamik, Klangtiefe, Wummern und dergleichen. Doch nein. Zäh und zentnerschwer wabert und walhallt es, passend nicht nur zum Senkbleigejaller des Dichters, sondern auch zu den Ohrringen der anwesenden Damen: Mit der Mode, sich klobige Einzelstücke in den Ohrlappen zu pieken, wird es erst ein Ende haben, wenn der Kopf seitlich auf der Schulterkante aufliegt.

Gott nimmt seinen Körper ernst und behält die Macht für sich. Morawetz kann die Sprache nicht halten. *Ich habe vier Milliarden Menschen im Kopf.* Kolossal, aber was sonst? *Wer sein Leben liebt, ist selber schuld.* Wenn man doch glauben dürfte, er meine das böse. Aber er will nur jammern im Ich-bin-so-jung-und-schon-so-alt-Jargon: *Zwischen Schamlippen und Gebärmutter schwebe ich.*

Uwe Morawetz hat, bereits in jungen Jahren, viele dünne Bücher vollgeschrieben, und weil es für Damen-und-Samen-Dramen keine Kondome gibt, wird er sicherlich nicht damit aufhören. Warum auch? Mundwerk hat goldenen Hoden.

Die Thunfischtester von Piz Palü

Es sind hart arbeitende Frauen und Männer.
Sie testen den Thunfisch als Kenner.

Dose für Dose
Aus Japan. Aus Thailand.
Thunfisch in Öl
Und in Dressing ‚pikant'.

Mit hartgrüner Erbse und matschiger Zwiebel
In Tunke aus zerquetschten Tomaten.
Thunfisch im eigenen Saft.
Thunfisch gesotten und Thunfisch gebraten.

Sie testen den schmackhaften Freund aus dem Meer
Reich werden sie damit nie
Nachts träumen sie mitunter sehr schwer
Von der quecksilberverarbeitenden Industrie

Von einem zweiten Leben. Als Thermometer.
Fiebermessen. Oral.
In einer feuchtwarmen Achselhöhle.
Oder, wenn es schlimm kommt, rektal.

Wie gesagt,
Es sind hart arbeitende Männer und Frauen
Und wenn sie dann
Am Ende eines kurzen und schweren Lebens
Zurückschauen
War alles vergebens.

Lucy Körner Verlag

1 Gedicht zum Weiterwegschmeißen
für Kristiane Allert-Wybranietz

Die
Worte
Freunde
und
Freude
:
Nur
durch
einen
Buchstaben
getrennt
:
N
wie
Nähe
naturtrüb
oder
Nagelfeile

Aber
auch
die
Worte
Freude
und
Fremde
:
Ein
U
wie
Ullagehtsheutnichtsogutdu

achtlos
beiseite
geschoben
durch
ein
M
wie
Mutterkuchen

So
nah
beieinander
und
doch
so
weit
entfernt

Ich
will
dir
ein
U
für
ein
M
v
o
r
m
a
c
h
e
n
.

Jesus klebt

Christus, reichlich abgehangen
Hat ein kräftiges Aroma
Ist ein Fall für Hacketal
Zweitausend Jahre schon im Koma

Heilandsack! Willst du nicht runter?
Tut dir denn dein Kreuz nicht weh?
Jesus, Jesus, machst du schlapp?
Jesus, nimmt dich keiner ab?

Seinen Namen sollt ihr preisen ...

Im Spiegel
Das Gesicht ist meins.
Ja so scheints.
Es ist von Heinz.

Im Küchenspind
Da hockt ein Kind.
Und manchmal weints.
Es ist von Heinz.

Die Nacht steht im Fenster.
Ich seh Gespenster.
Vor allem eins.
Das ist von Heinz.

Ich freu mich des Daseins.
Ja ist es denn meins?
Nicht etwa deins?
Nein. Das von Heinz.

Es gibt kein Leben
Das sich reimt auf meins.
Wirklich keins?
Doch. Das von Heinz.

Ach. Die Welt hat
Viele Gesichter.
Hinter allen aber steht eins:
Das von Heinz.

Alternativ Airlines

Berliner in der Luft

Da saß ich also im Flugzeug und flog. Zum allerersten Mal im Leben / durch die blauen Lüfte schweben ... – so intelligent etwa dachte ich vor mich hin. Ich sah das Daunenbett der Wolken, von oben, und manchmal wippte der Flieger sacht mit den Flügeln oder sackte eine Schrecksekunde lang durch.

Dann stellte ich fest, daß ich nicht allein im Flugzeug saß. Auf der anderen Seite vom Gang, eine Reihe zurück, hörte ich: „Klar treff ick da Ballina, auf Kuhbah. Jede Wette. Bestimmt sogah aus Kreuzberch. Hähä." Ich drehte mich um. Ein kleines Männchen Mitte dreißig, eine Freizeit-Abenteuer-Hose, olivgrün mit vielen vielen Taschen, um die Beine und die Kopfhörer zum Walkman um den Hals, beugte sich über seinen ihm offensichtlich unbekannten Nebenmann. Der versuchte vergeblich, wegzurücken – durch die Flugzeugwand aber konnte er nicht. Ein enormes Geschwall ergoß sich nun über diesen unglücklichen Menschen – der Bärtige gehörte zu jenen Leuten, die an jedem Ort, zu jeder Gelegenheit um jeden Preis den Eindruck vermeiden wollen, etwa nicht *locker und kontaktfreudig* zu sein, in Wahrheit aber bloß ihre Klappe nicht halten können. Jetzt zog der Mann sich auch noch – locker und kolossal kontaktfreudig – die Schuhe aus, holte seine Stinkemauken vor und spielte mit den Zehen Klavier. Als ich mich abwandte, hörte ich noch leise erschaudernd: „Übrijens – Vorsicht. Ick furz jetz."

Da sah ich doch lieber wieder aus dem Fenster. Das heißt, ich wollte aus dem Fenster sehen, aber der tröstende Blick in die Wolken war von meinen beiden Nachbarn versperrt. Bei diesen handelte es sich um ein Pärchen verschiedenerlei Geschlechts, das sichtlich bedauerte, die Reise nicht über- bzw. untereinanderliegend verbringen zu können.

Dreizehn lange Stunden lang nahezu ununterbrochen die Finger ineinander verwursteln, Arme und Beine ineinander verschränken, sich tief in die Augen stieren und die Nasen aneinander reiben – oh doch, man kann das sehr wohl. Wer oder was am Ende verhinderte, daß auch noch Alles mit Allem verkeilt wurde und die Teile bestimmungs- und ordnungsgemäß ineinandergesteckt wurden, vermag ich nicht zu erahnen. *Beziehung* ist eben etwas Schönes, Geheimnisvolles.

Auch zwei Reihen vor mir, auf der rechten Seite, kamen sich gerade zwei Menschen menschlich näher. Ein smarter Schnäuzerträger mit Halblangfrisur und Freizeitanimationskleidung ließ seinen hungrigen Blick auf einer kompakt gebauten Blonden in Blau-Lila liegen. Sie war begeistert. Ob er „auch aus Berlin...? Wie schön!" Und ob „auch sie 14 Tage auf Kuba...? – Großartich!". Felsenfest entschlossen, ja nicht alleine zu bleiben, verschwendeten die beiden keine wertvollen Zehntel – da muß doch was laufen.

Lief auch was. Schon nur zwei Tage später hielten sich die beiden tüchtig umklammert zum wechselseitigen Beweis ihrer Existenz. Tucholsky hat 1926 über die Berliner auf Reisen geschrieben und sie in zwei Kategorien eingeteilt: Die ‚Ham-Se-kein-Jrößern?'-Berliner und die ‚Na-faabelhaft'-Berliner. Den Berliner Alternativ-Touristen gab es vor sechzig Jahren noch nicht. Heute füllt er ganze Flugzeuge.

In Gander, Kanada, landete das Flugzeug, um aufzutanken. Ich ging in die Flughafenbar, und da sah ich sie alle: die bärtige Kommunikationspfeife, das Klebstoffpärchen, diesmal jeder für sich mutterseelenallein auf einem eigenen Stuhl, und die beiden einsamen Herzen, die schon aufgehört hatten, einsame Herzen zu sein. Sie saßen an zwei Tischen, vor sich Kaffee oder Bier. Und alle fünf lasen sie die *taz*.

Große Not und kleine Zeitung

Wie es in der ‚tageszeitung' einmal ganz dicke kam. Zwei VV-Männer berichten.

Grauer Morgen, schwere Stunde. Zäh liegt der Smog über dem Berliner Wedding. Watt-, Ecke Voltastraße: Hier stand einst der größte Schlachthof Europas. Heute klotzt auf dem Gelände ein schmuckloser Zweckbau: Seit zehn Jahren wird hier ‚die tageszeitung' gemacht, Tag für Tag. Heute aber ist die übliche Betriebsamkeit wie weggeblasen. Zwar haben sich die Mitarbeiter um den riesigen Konferenztisch versammelt – einst kopulierte darauf kollektiv die Kommune 1 – an diesem Morgen jedoch ist von derlei Euphorie rein gar nichts zu spüren.

Bleich und schweigend harrt die Belegschaft. Gerade hat Redaktionsleitungsassistent W. ein Telex verlesen, das vor wenigen Minuten aus Teheran eingetroffen ist: „Hallach mahall chuluch chalamm bomm tabbatabai allacha machall" oder, wie die herbeigeeilte Nahost-Expertin S. in fast fließendem Deutsch übersetzt:

„Verachtungswürdige, Ihr habt es gewagt, die Satanischen Verse des räudigen Rushdie zu drucken. Der Schwarze Pfeil soll nun auch Euch treffen, und der Tapfere, der ihn von der Sehne schnellen läßt, soll mit einem Sack von 400 Millionen Rial reich belohnt werden. Hundesöhne!
gez.: Khomeini (Ayatollah)."

„Typisch Macker", bricht eine Frauenstimme das betretene Schweigen, „die Töchter werden wie immer vergessen." Während sich eben ein Murren über diese angesichts der ernsten Lage doch etwas deplazierte Quotierungsforderung breitmachen will, schwenkt Bürovorsteher G. erregt seinen Taschenrechner:

„400 Millionen Rial, das macht bei 180 Mitarbeitern pro Kopf gerade mal Zweimarkfünfundachtzig." Das meckernde Lachen von Hilfsredakteur H., der isoliert an der Kaffeemaschine kauert, geht im allgemeinen Tumult unter. Niemand bezweifelt, daß man die Drohung des greisen Verrückten vom Berge ernstzunehmen hat. Nachdem die erste Schrecksekunde überwunden ist, steigt hier und da Zornesröte in ein blasses Gesicht. Redaktionsleiterin T. findet als erste die Contenance: „Also ich will hier mal sagen, daß wir da reagieren müssen. Profiliert, professionell und in aller Entschiedenheit." Auch die anderen Mitarbeiter haben mittlerweile die Sprache wiedergefunden. „Überbieten! Wir zahlen jedem Moslem, der uns verschont, einfach 'ne Mark mehr", schlägt Wirtschaftsredakteur und Blatt-Pragmatiker K. vor. Doch Geschäftsführer R. schüttelt sofort den Kopf: „Beim derzeitigen Abo-Stand läßt unsere Kasse das nicht zu."

Der frischgebackene Bonn-Korrespondent N. verlangt auf der Stelle Personenschutz für alle Mitarbeiter und Anverwandten, die Auslandsredaktion kündigt spontan an, die Iran-Berichterstattung solange rigoros zu stornieren, bis diese ungeheuerliche Drohung vom Tisch sei.

Vereinzelt werden jetzt sogar Rufe nach der Bundeswehr laut, doch Leidartikler H. kann derlei Revanchismen mit einer eindringlichen Rede „Äääh... ähhh... Schrecken... Erschrecken... Angst... Zurückhaltung... besondere Verantwortung... Wir sind nicht frei... ääh, es ist dies die Stunde des Parlaments" gerade noch abbiegen. Einstimmig beschlossen wird die Abfassung einer energischen Protesterklärung für die aktuelle Ausgabe.

Während noch Freiwillige für die Akquisition prominenter Unterschriften gesucht werden, rollt schon die nächste Bewährungsprobe auf die tapfere kleine Zeitung zu. Diesmal in Form eines Trupps Autonomer, der schnurstracks auf die Küche zusteuert und diese für besetzt erklärt, und zwar so lange, wie die *taz* den ungekürzten und unkommentierten Abdruck einer 17-seitigen Kommandoerklärung „Für die sofortige Einführung des Bewaffneten Kampfs als Pflichtfach an Vor-, Grund- und Hauptschulen" verweigere. Nach einstündiger, zäher Diskussion gelingt es einer Verhandlungsdelegation unter Leitung des erfahrenen Gewerkschafts-Redakteurs K., bis auf weiteres freien Zugang zur Kaffeemaschine auszuhandeln. Inlandsredakteur M., der schon mit gezücktem Besteck an der Essensausgabe stand, tobt: „Wir lassen uns nicht erpressen! Dann lieber nie mehr essen."

Später wird er sich immerhin überreden lassen, den aus der benachbarten Junk-Food-Fabrik ‚Ardi-Menü' herbeigeschafften Alu-Teller zu leeren. Doch noch ist es nicht soweit, vor dem Essen kommt die Moral.

Leserbriefredakteurin T. heftet ein soeben eingetroffenes Schreiben ans Schwarze Brett: Pastor Albertz, Leser der ersten Stunde, hat sein Abo wegen eines jesusfeindlichen Cartoons gekündigt. Mehrmals, so der fromme Resolutionsführer, habe er die *taz* auf unchristliche und blasphemische Tendenzen hingewiesen – umsonst. Jetzt sei endgültig Schluß. Als Delegationsleiter K. diese neuerliche Hiobsbotschaft erfährt, bittet er um eine Verhandlungspause, was von autonomer Seite mit einem häßlichen „Kopf ab zu Jebet, wa?" quittiert wird.

Vor dem Schwarzen Brett herrscht derweil empörtes Durcheinander. „Auch das noch“, „Der spinnt doch“, „Gerade jetzt“, „Oller Pfaffenkopf“. – „Seid ihr eigentlich alle verrückt geworden? Wir müssen uns auf der Stelle entschuldigen!“ zieht Inlandsredakteurin G. die Notbremse. „Kommt gar nicht in Frage“, erwidert brüsk Magazin-Leiter W., „wir beleidigen die katholische, die evangelische, die moslemische, feministische, marxistische, wir beleidigen einfach jede Religionsgemeinschaft!“, um nach einer Pause, in der er sich erschrocken an den mit Zweimarkfünfundachtzig dotierten Schädel faßt, einzuschränken: „Natürlich mit Ausnahme der jüdischen.“ Daß W. damit quasi das Stichwort für das nächste Desaster geben soll, ahnt in diesem Moment freilich noch niemand.

Unterdessen sind die unbeaufsichtigten Autonomen dabei, die Küchenvorräte zu verzehren. Davon lassen sie sich auch nicht durch die soeben im Konferenzraum zusammentretende Redigier-Combo abhalten, einer für den letzten sprachlichen Schliff zuständigen ‚Special forces‘-Einheit, die sich jetzt dem formulativen Finish der Protestnote an den Imam zuwendet. „Aufs Schärfste widersprechen – das ist mir irgendwie zu lasch“, eröffnet Adjektiv-Experte E. die Debatte über den von der Redaktionsleitung vorgelegten Entwurf, „die Betroffenheit kommt mir da viel zu labbrig rüber, und dann hier, „Essential“ und „sofort canceln“, das versteht so'n Teppichhändler doch gar nicht. Da muß mal Tacheles geredet werden.“ Der Vorschlag des auch „Das Messer“ benannten Wortwarts stößt auf nickende Zustimmung, und schon steigt die Vokabel-Truppe ins creative Brainstorming ein.

Langsam, so scheint es, findet man in der *taz*-Etage wieder zur Normalität zurück. Abgesehen von den Besetzern, die man in der Küche einfach knabbern läßt, ist von den Aufregungen des Tages kaum noch etwas zu sehen oder zu hören, als plötzlich „Whummmm" eine Tür knallt. Mit den Tränen ringend stürzt Redakteurin G. in den Konferenzraum. Nach einer ersten „Wasnnuschonwieder"-Reaktion bildet sich um die Kollegin ein kleiner Auflauf. Was ist geschehen?

Den freien Mitarbeiter K. habe sie zufällig beim unerlaubten Benutzen der betriebseigenen Warmwasserdusche erwischt, stammelt G., dabei habe er gesungen: „Die *taz* wird zehn, der Führer hundert, ein Optimist, wer sich da wundert." – „Ich kann mit solchen Leuten nicht mehr zusammenarbeiten!" faßt die sichtlich mitgenommene G. ihren Bericht zusammen.

Unter den Umstehenden macht sich grummelnd Empörung breit: „Unmöglich", „Vergleich von Hitler und der *taz*", „Schweinerei"; als erster zu einem zusammenhängenden Satz findet Magazinist W.: „Das ist eine bodenlose Verharmlosung voller versteckter Antisemitismen." Rufe nach „Kündigung", „Schreibverbot", „Hausverbot" werden laut, der Einwand von Hilfsredakteur H., ob man es nicht bei einem „Duschverbot" belassen könne, schließlich sei der Text nicht in der Zeitung gedruckt, sondern „nur gesungen" worden, wird kopfschüttelnd zurückgewiesen. Man einigt sich, auf einer Sonderkonferenz um 17 Uhr Sofortmaßnahmen zum Fall K. zu beschließen.

„Bis 17 Uhr sind wir nicht fertig, es ist heute wahnsinnig viel", protestiert Nachrichten-Redakteur Z. und schwenkt die meterlange Ticker-Fahne der „*dpa*-Tagesvorschau", auf der gerade mal die Hälfte der Top-Themen („Kohl nach England abgereist", „Vizekulturminister Paraguays bei Weizsäcker", „Hurrikan Helene verwüstet Hula-Hula-Atoll") als erledigt abgehakt ist. Doch mit einem „Verschieben geht nicht, um 18 Uhr haben wir Plenum mit den Autonomen" wird der Antrag des gehetzten Nachrichten-Mannes abgelehnt. „Leute, wir müssen auch noch die Zeitung von morgen machen", scheucht Redaktionsleiterin T. mit einem Blick auf die Uhr die Kollegen an die Schreibmaschinen zurück. Im Nu leert sich der Konferenzraum, zurück bleiben die brütende Redigier-Truppe und die mit einem sympathisierenden Aushilfs-Säzzer herumscherzenden Autonomen. Doch im Layout hat sich schon längst ein neues Unwetter zusammengebraut: Frauenredakteurin L. hat auf dem Umbruchtisch eine Zwischenüberschrift der Kulturseite entdeckt, die ihr schier den Atem verschlägt: *Soldaten sind MörderInnen.* „So darf das morgen auf keinen Fall erscheinen", ereifert sich L., „das ist doch wohl das Letzte, jahrelang kämpfen wir gegen Sexismus und Diskriminierung in der Sprache, und dann sowas." „Was'n los?" wirft Layouterin S. einen Blick auf die anstößigen Zeilen, „die Seite ist doch gestern schon erschienen." Wütend packt L. das corpus delicti: „Ich will das nicht mehr, diese Provokation um der Provokation willen, diese Häme gegen Frauen in der eigenen Zeitung." Worauf ihr Koordinator G. sofort 30 Zeilen für einen Entschuldigungs-Kasten auf Seite 2 einräumt, obwohl auch ihm klar ist, daß die Sache damit nicht aus der Welt sein kann: „Das ist dasselbe wie der „Bimbophilie"-Artikel letzte Woche und der „Sintibaron" gestern, darüber wird morgen im Vorstand sowieso geredet, da nehmen wir das mit rein." Auch Chefkommentator H. ist seiner Meinung: „... Konsequenzen haben ... postmoderne Beliebigkeit ... grenzenlose Verluderung..."

Kaum hat sich das Trio geeinigt, tönt weit über den Flur das Organ von *taz*-Justitiar E., der von einem weiteren Tiefschlag berichtet: Der Hamburger Alt-Kommunist Gremliza, so E., habe beim Bundesrechnungshof Klage gegen den Berliner Verfassungsschutz wegen vorsätzlicher Verschwendung von Steuergeldern erhoben. Jahrelang habe der Geheimdienst sinnlos öffentliche Gelder verpraßt: durch die Total-Observation dieses kleinbourgeoisen, liberalistischen, zur Zeitgeist-Zeitung aufgeblasenen Druckfehlers namens ‚tageszeitung'. Daß die *taz*, die als ausgelagertes Volontariat der Bürgerpresse der öffentlichen Hand zuarbeite, auf deren Kosten auch noch ausgespäht werde, sei der reine Aberwitz. „Aaahh, dieser widerliche Prozeßhansel", quittiert Inlands-Redakteur M. die Verlesung des Schreibens, „typisch", „unsolidarisch", „Stalinist" murmelt es durcheinander, Jurist E. jedoch kommt nicht umhin, dem Kläger „durchaus Chancen" einzuräumen, schließlich sei die „Sachakte *taz*" beim Verfassungsschutz 3 Meter 50 lang, und was da Brisantes drinstehen solle, könne er sich beim besten Willen nicht vorstellen. Die weitere Diskussion wird durch den Gongschlag zur 17 Uhr-Konferenz unmöglich gemacht. Rund um den K1-Tisch geht es jetzt um die *taz*-internen Faschismen des festen freien Mitarbeiters K. Nach kurzer Debatte („Ein besseres Kündigungsgesuch können wir uns gar nicht wünschen" ... Entlastung der Geschichte kann nur mit Entlassung beantwortet werden") wird der Antrag der Redaktionsleitung, „Wer die *taz* in einem Atemzug mit dem Nationalsozialismus nennt oder zu nennen versucht, hat in dieser Zeitung nichts zu suchen", mit 47 zu 11 Stimmen angenommen. Auch mit den Stimmen der Redigierer, die in der Zwischenzeit letzte Hand an die Protestnote gelegt haben und sie jetzt dem Plenum präsentieren.

„Überschrift ham wir noch nicht", beginnt Redakteur R., „aber ansonsten sind wir klar. Ich lese mal kurz vor:

In der Stunde der Not stehen wir allein. Riesen rundum, doch träge und feige verweigern sie dem

Zwerg ihren Schutz. Dennoch: wir werden nicht weichen noch wanken und bieten den Feinden der Freiheit die Stirn. Mögen sie auch übermächtig scheinen, mögen sie uns mit dem Tode bedrohen – es ficht uns nicht. Die Meinungsfreiheit, die Freiheit der Meinung, die freie Meinung, ja die Meinung überhaupt, sie ist ein zu kostbares Gut, als daß sie den mittelalterlichen Mullahs und Muftis in ihre blutbesudelten Hände fallen darf. Der schiitische Schächer, der die mit seinen Silberlingen gedungenen Mörder auf uns hetzt, er sei versichert: keinen Fußbreit werden wir preisgeben von der Freiheit, anstößige Stellen zu veröffentlichen, auch wenn seine verblendeten Jünger hinter den Bergen aufjaulen bis zum Jüngsten Tag. Uns so fragen wir die medienmächtigen Konzerne, die unabhängigen, überparteilichen, demokratischen Zeitungen, die großen Verlage und Institutionen und alle LeserInnen: Wollt ihr Mullahthrone oder Meinungsfreiheit? Wann, wenn nicht jetzt, muß die Fahne der Meinung und die Fackel der Freiheit hochgehalten werden? Denn heute ist es die *taz* und morgen die ganze Welt. Und so bekennen wir in dieser Stunde den festen Willen, die gemeinen Feinde der Meinung mit allen uns gebotenen Mitteln und aller Entschiedenheit und Härte zu bekämpfen. Wir werden nicht rasten noch ruhen, bis dieses inhumane, menschenverachtende Geschmeiß endgültig vernichtet ist. Denn Pressefrechheit ist die Einsicht in die Notwendigkeit, Unterdrücktes zu drucken, weil dessen Verschweigen das Einverständnis in die Unterdrückung einschließt."

Tischeklopfen und begeisterte Ovationen übertönen die letzten Worte R.s, der nach seinem emphatischen Vortrag erschöpft Platz nimmt. Auch in den Augen der Autonomen, deren Antrag nicht mehr verhandelt wird, glänzt es feucht. Die Protestnote erscheint am nächsten Tag auf der Titelseite und geht als Telefax an alle Agenturen der Welt. Und natürlich an den Ayatollah: „Hallach taz mahall chuluch chalamm bomm bomm taz tabbatabai allacha machall ..."

(zusammen mit Mathias Bröckers)

City-Bag voller Tränen

Wim Wenders bzw. Wer schenkt Wim einen Wum?

Ich bin so trau
So ganz voll Trauer
Ich bin nicht schlau
Werd auch nicht schlauer

Welt ist so grau
Wird immer grauer
Der Wind so rauh
Immer noch rauher

Alles nur Schau
Und Regenschauer
Ich mach mich blau
Und immer blauer

Dann klau ich Kau-
gummi und kauer
Mich völlig mau
Vor Klagemauer

Witz ist so lau
Ist nur Kalauer
Gedicht macht: Au
Und Wim macht Aua

Meilenweit

Der *Camel*-Mann fährt in seinem Motorboot den Amazonas hinauf. An den Ufern droht hinterhältig der Dschungel. Dennoch tackert ebenso leicht wie kraftvoll der Motor. Friede.

Da – ein kurzes Stottern und Spotzen, dann schweigt der Außenborder. Heimtückisch legen sich Schlingpflanzen um die Antriebsschraube: Gefahr!

Erfahren aber und durchtrainiert steht *ER*, der *Camel*-Mann, im Boot, bereit, allen Fährnissen zu trotzen. Die Schuhe streift er ab und das Hemd, herrlich steht er, nur in Hose und Pose, am Bootsrand. Männlich biegt sich sein Körper im Sprung, schnittig taucht er ein in die gelblichen Fluten.

Mit vor Freude zappelnden Schwänzen macht sich vom Ufer aus ein Rudel Alligatoren auf den Weg. *Er* indes taucht, das Survival-Messer zwischen den Zähnen. Rasch sind die Schlingpflanzen zerschnitten. Nun heißt es zurück ins Boooooo ...

Später, im Schein der untergehenden Sonne, rollen sich die Alligatoren satt und zufrieden zusammen, blicken unter halbgeschlossenen Lidern welterfahren in die Weite und zünden sich sehr lässig eine *Camel* an – der Weg hat sich wieder einmal gelohnt.

Schöne Schweine

Warzenschweine – Höhlenkinder der Savanne. Ein Film von Reinhard Radke

Was wissen wir vom Warzenschwein? So gut wie nichts. Das ist nicht richtig. Also: Das Warzenschwein ist kein bißchen häßlich. Es ist im Gegenteil ziemlich hübsch. Hochläufig, mit einer mächtigen Zottelmähne und ein paar Hauern im Gesicht, die sehr gefährlich tun und ziemlich lustig aussehen. An seine zarte Haut läßt das Warzenschwein nur Wasser und viel Schlamm. Es ist nämlich ein Genießer und suhlt sich gern. Beim Fressen begnügt es sich mit Savannengras, das es gerne in Gesellschaft von Zebras und Antilopen abweidet. Weil es nämlich kurzsichtig ist und den, der es fressen will, nicht kommen sieht. Das ist der Löwe. Das Warzenschwein kann ihn kaum sehen, bloß riechen. Aber wenn der Wind ungünstig steht, hat es manchmal Pech gehabt.

Das Warzenschwein streitet ungern, ist recht furchtsam und deshalb ziemlich gesellig und familiär. Vier halbjährige Warzenschweinwaisen halten fest zusammen und trippeln überall nur gemeinsam hin. Sie brauchen viel Wärme. Nachts klettern sie in Erdhöhlen und kuscheln sich bei 30 Grad zusammen. Von Erdferkeln unterbuddelte Termitenhügel sind ihnen zum Schlafen auch willkommen. Dort leben sie in guter Nachbarschaft mit Löffelhunden. Die heißen so wegen ihrer großen Ohren.

Das männliche Warzenschwein ist lieber für sich. Wenn es zwei Jahre alt ist, geht es allein in die Savanne und wird dort wahrscheinlich recht brummig und grantig. Ein großer Wanderer ist das Warzenschwein. In seinem Gebiet kennt es jeden Baum und Strauch. Flink wackelt es von Höhle zu Höhle, bei Gefahr reagiert es panisch, wittert, zittert und rennt davon mit 50 km/h.

Reinhard Radkes Film über Warzenschweine ist klug, informativ und liebevoll in Ton und Bild. Und – anders als dieser Text – ganz unsentimental. Zwar zeigt er fehlgegangene Attacken von Löwen, aber auch die Ergebnisse erfolgreicher Angriffe. Der Löwe muß schließlich essen. Das trifft ein Warzenschwein mitunter schwer.

Ganz nebenbei war zu sehen, wie ein Rudel Hyänen eine Büffelherde umkreiste, routiniert das schwächste Kalb heraussuchte und dann in dezidierter Gemeinschaftsarbeit zur Strecke brachte: Mit meckerndem Lachen, in großer Überzahl und immer von hinten. Es erinnerte sehr an die menschliche Gesellschaft.

Neulich, in der Savannen-Bar

Mit Heinz Sielmann im Reich der Tiere

Tiere vor der Kamera: Silberschopf Heinz Sielmann prangt gleißend mitten in Negerland und hebt die Schnupfen- und Polypenstimme; wie einst Herr Warhol vorm Empire States Building, so habe er mitten in der Savanne eine Kamera auf einen Punkt, ein Wasserloch, fixiert und zwölf Stunden lang einfach laufen lassen. Was sich an einem ganz normalen Savannentag beim Durstlöschen zwischen sieben Uhr morgens und sieben Uhr abends so tut und tummelt, das zeigt er uns.

Perlhühner sind als erste zur Stelle, wie alte Frauen kommen sie angewackelt und -gegackert. Eine Kuhantilope stubst die feuchte Nase ins Wasser und braunäugt hin und her, die Zebraherde süppelt dicht an dicht, ordentlich parallel in Reihe aufgepflanzt. Springböcke, Antilopen und Trappen jumpen heran, aber: *Auch Löwen haben Durst,* mahnt spannungsfördernd Herr Sielmann. Mit lässig groovendem Walk-on-the-wild-side-Gang schlendert eine Löwin an die Bar und ordert einen kräftigen Hieb Wasser, schön schlammig und brackig, bitte. Diverse Straußen schreiten fürbaß und zeigen schaukelnd ihre weißen, bauschigen Unterhosen. Ein Elefant rollt auf faltigen Stempelbeinen heran, hängt den Rüssel ins Wasser und schlürft; *dreieinhalb Meter schwer und 6000 Kilogramm hoch,* ächzt Bob Dylan-näselnd H. Sielmann zwischen die Bilder, seiner Informationspflicht Genüge tuend.

Wieder rudeln die Gestreiften an, der Tierfreund beginnt zu menscheln: *Ein Festmahl für Löwen, und die Zebras spüren das.* Schlappschlapp schlurfen sie dennoch träge ihrem Getränk entgegen, aber natürlich gibts am Tresen Streit, und zwei Hengste keilen, kloppen und beißen sich, bis einer von dannen zieht. *Der Klügere gibt eben nach.*

Warzenschweine trippeln herbei, die Wurzelgräberhauzähne mächtig erhoben, zischen ein paar Drinks und suhlen sich ganz ungeniert in der Brühe. Ein paar Schritte weiter räkeln sich diverse Löwen, strecken die Pfoten hoch zur Sonne und kalbern. Schlaff und verdöst lungert man in der Bruthitze, und der Wirt hängt ein Schild raus: Mittagspause.

Eine Python schlängelt sich an drei Straußeneier heran, beäugt die kugeligen Dinger und gleitet ihrer Wege; die Straußen, *50 Millionen Jahre alt*, eimert olle Sielmann wieder dazwischen, haben mittlerweile ein ungeheuer affiges Getue angefangen, schwenken die Flügel wie Toreros ihr Imponiertuch und eiern umeinander: *Balz* heißt das, *und dann bedeutet er ihr: Dies ist der Platz zum Eierlegen*, schraubt sich Sielmann nun ganz empor, kommentiert väterlich, als habe er selbst mit dergleichen Grobheiten nichts mehr im Sinn, das Rokoko-Gehüpfe wie den folgenden Geschlechterverkehr, wünscht nur onkelig *reichlichen Eiersegen* und setzt tantenhaft *Für die nächsten fünfzehn Stunden hat Mutter Strauß frei* obenauf.

Paviane und Gnus suchen Erfrischung, Entspannung und Geselligkeit in der Savannenkneipe „Zum letzten Loch", Hyänen und Schakale hoppeln am Rande der Gesellschaft. Ein paar zweibeinige Wesen schleichen herum, Menschen, die im Sielmann-Tierreich nur stören, zumal die Brüder auch noch Straußeneier klauen, aussaufen und dann Wasserflaschen draus machen. Schäbig von euch, Neger! Erbleichen sollt ihr vor Scham.

Knicks- und x-beinig trinkt die Giraffe, *fünf Meter hoch*, gurgelt Sielmann, und die Löwen lümmeln im Steppengras und vögeln. Bzw. löweln. *Der Akt dauert nur wenige Sekunden, wird aber dreißigmal am Tag vollzogen*, raunt Sielmann wie altersmild. *Die sinkende Sonne färbt das Land mit einem rötlichen Licht*. Lyrik ist schwierig, schnell wird sie schmierig.

Die Bar schließt pünktlich, die Gäste trollen sich, und dann ist es Nacht in der Savanne.

Adel vernichtet

„Die Frauen von heute wollen Mannsbilder, keine Standbilder", behauptet neben anderem dummen Zeug die Werbung für die Zeitschrift ‚Freundin'. Die Kampagne gilt in Werbekreisen als vorbildlich, kriecht aber nur all den dösigen Tanten hintenrein, die ihren halbwegs lackierten Brausepöter bereits für ein Gesicht halten. Sorry, soo leicht geht es selbst heute noch nicht.

Es ist ja richtig, daß man sich durch die Abbildung von Regierungspolitikern in den TV-Nachrichten an wirklich jeden Dreck gewöhnt hat, aber dieser war dann doch zuviel: „Er ist ein großer, ungezogener Junge, etwas eingebildet, aber ein ganzer Kerl. Wir akzeptieren uns beide so, wie wir sind. Ich verdanke ihm viel", behauptet eine Claudia im besten Westfälisch. Von wem aber spricht sie? Natürlich von ‚Ahlerich'. Eine Sendung „Die Frauen, Reiner und ich, Ahlerich. Aus dem Leben eines Dressurpferdes" stellt uns doch tatsächlich den „intelligenten Wallach" vor, der „im Hause Klimke den Rang des Familienmitglieds genießt". Nein, nichts, das uns brennender interessierte als dieser furiose Auftakt eines ARD-Fernsehtags. Ein Stefan Lazar läßt in seiner ‚Dokumentation' Ahlerich-Prahlerich in naiv-sonorer Ich-Erzählform Alltagsanekdötchen zum besten geben. Jaah, das Pferdeleben. Und der Reiner. Klimke, Dressurreiter, Ahlerich-Besitzer, Jurist und gemütlicher Patriarch. „Ich bin besessen für die Juristerei, ich bin besessen für Pferde." Für dem deutschen Sprache offensichtlich weniger.

Was erfahren wir nun vom Gestüt Schlendrian? Die geballte Künstlichkeit des Dressurreitens dröhnt fünfundvierzig Minuten lang aus dem Kasten heraus, ein lebloses, stilisiertes Formal-Gewürge, das Pferd an sich gilt nichts und der Reiter zückt den Zylinder. „Könnte etwas erhabener sein“, quallt Sportreporter Arnim Basche noch dazwischen, und eigentlich fehlen in dieser Biovitaltrinkersendung nur noch Liselott Linsenhoff und Halla, die Wunderstute. Wie sagt der Volksmund: Man hat schon Pferde kotzen sehn. Fernsehzuschauer auch.

Sehr passend schloß sich dann gleich ‚Wetterfrosch‘ Elmar Gunsch mit einem Sprüchlein für die deutsche Fernsehlotterie an. Das windelweiche Bartgesicht, und damit hätten wir den Bogen zur eingangs erwähnten Plakatwerbung auch noch sehr schön gepackt, spendet übrigens, wie auch Tuguttempler Richard von Weizsäcker, Blut.

Warum eigentlich nicht sieben Liter auf einmal?

Jeder Schuß ein Russ ein Stuß

Ode an Rambo III

Rambo, Schlagetot und Bruder
Rambo kommt und alle weichen
Rambo, halslos zeitlos schneidig
Schreitend durch ein Meer von Leichen

Rambo I, Du warst der Killer
Aus des Dschungels tiefem Duster
In der Heimat unverstanden
Metzelnd nach der Väter Muster

Rambo II, Vietcongaufschlitzer
Nochmal unten in Nam Nam
Todfeind aller Gilbgesichter
Und der Charlieteufel Gram

Rambo III, jetzt ruhig und freundlich
Thailands Kloster gibt Dir Frieden
Mußt nicht meucheln, mußt nur heucheln
Daß Dir Glück und Geist beschieden

Langweilst Dich schon däumchendrehend
In des Buddhas schlapper Aura
Ist kein Schurke Dir zum Spaße
Ist noch nicht mal eine Frau da

Aber endlich gibts ein Einsehn
Einen Auftrag mit Trompeten
Deine Ahnen, die Afghanen
Werden just vom Russ zertreten

Und nur Du kannst Hilfe bringen
Rambo Rambo ganz allein
Mußt Du mit dem Feinde ringen
Und auch noch den Freund befrein

Der im Russenkerker schmachtet
In der klammen Kasematte
Wo der Büttel mit dem Knüttel
Ihn traktiert, die miese Ratte!

Tückisch blitzt des Iwans Auge
Sinnlos quälen, ja, das kann er
Aber dann: Hurra und Heißa
Knattert froh der Freiheit Banner

Rambo steigt hinab zur Erden
In des Untermenschen Keller
Bolschewiken zu zerknicken
Lautlos. Einsam. Aber schneller.

Und mit Messer, Pfeil und Bogen
Wird der Gorbiknecht getötet
Mit Pistolen und Granaten
Mutter Erde satt gerötet

Rambo III, Du rührst zu Tränen
Jeder Schuß ein Russ ein Stuß
Es gibt Blut und Schweiß und Gähnen
Und am Ende kommt der Schluß

Rambo! Höre! Eines Tages
Kriegt der Eine Dich zu packen
Legt die Hand Dir auf den Schädel
Um die taube Nuß zu knacken

Du wirst zappeln, strampeln, schreien
Niemand, dem das nicht gefällt
Rambo? – Nie gehört. Wer ist das?
Nur noch Leiche, nie mehr Held

Dann ist Sabbat. Aus. Finito.
Rambo, renn, und sieh Dich vor
Denn der Eine wird Dich kriegen
Hörst Du ihn? – DER TERMINATOR!

Soldaten sind Mörder

O.K. von Michael Verhoeven. Ein Film, der so gut ist, daß er nicht mehr gezeigt wird.

Soldaten sind Mörder – nicht nur potentiell, sondern de facto, in ihrer Essenz. Dazu werden sie ausgebildet, das ist ihr Handwerk, dazu sind sie da: zur Menschenschlächterei. Natürlich tun sie das nicht freiwillig oder auch noch gerne, aber die Pflicht muß wegerledigt werden, gründlich, bis zum letzten Mann.

1967 in Vietnam; vier US-amerikanische Soldaten nehmen eine sechzehnjährige Vietnamesin fest, schüchtern sie ein, bedrohen sie, quälen und demütigen sie, vergewaltigen sie nacheinander, stechen ihr ein Messer in den Bauch und erschießen sie. Ein fünfter Soldat, der sie daran zu hindern versucht, wird von ihnen entwaffnet und zusammengeschlagen, bei einem Fluchtversuch beinahe umgebracht, kann aber entkommen. Der Zeuge müht sich, die vier vors Kriegsgericht zu bringen, seine Beschwerde wird zurückgewiesen, hat Monate später doch Erfolg, es kommt zu einer Verurteilung, aber trotz erwiesener Schuld werden die Täter nach kurzer Zeit begnadigt. Dem anklagenden Soldaten wird im Laufe der Verhandlung vorgeworfen, er habe eben einfach keinen Humor.

Michael Verhoevens Film *O.K.* stellt diesen authentischen Fall nach, verlegt den Schauplatz allerdings in die Nähe, in den bayerischen Wald, und verhindert so das Weglaufenkönnen, das Von-sich-Fernhalten, das Verdrängen und Abwälzen.

Verhoeven entwickelt die Handlung mit großer Ruhe, anfangs lungern die Soldaten im Wald herum, buddeln sich ein, spielen Sandkastenkrieg und Karten und langweilen sich. Was sollen die Kerle auch machen wenn nicht Menschen tot? Die hierarchische Ordnung, die Befehle, die Geistabgetötetheit und Stupidität der Unsinnsbeschäftigungen spitzen sich zu: Erst schlägt man die Zeit tot und dann einen Menschen. *O.K.* führt das in akribischer Dramaturgie vor, drückend und lastend. Ein Opfer wird gesucht, erst in den eigenen Reihen, dann aber taucht ein ideales, weil gänzlich wehrloses auf: ein sechzehnjähriges Mädchen auf einem Fahrrad.

Verhoevens Dokumentarspiel erlaubt keine Schonung, kein Sich-Entziehen. Mit größtmöglicher Distanz und kalter Kamera werden Männer bei der Arbeit gezeigt: Da wird nicht einfach nur gemordet, da wird vorher noch jede denkbare Qual zugefügt, in Todesangst versetzt, mit Füßen getreten, und das alles lächelnd, einfach so, ganz nebenbei. *O.K.* zeigt Realität, man hält es kaum aus und stirbt die tausend Tode mit.

Krieg, sagt einer dieser ganz normalen guten Soldaten hinterher, *Krieg verroht. Das weiß doch jeder.* Letzter Satz: *Bei uns ist alles o.k.*

1970 sprengte Verhoevens Film die Berliner Filmfestspiele. Die Zeit hat der Rigorosität und Klarheit seiner Bilder nichts anhaben können. Wer nach diesem Film noch daran denkt, eine Uniform anzuziehen, der ist ein Schwein.

Das Geseire eines Aftermieters

Werner Herzog / Steff Gruber / Klaus Kinski

Zwei alternde Rucksacktouristen haben sich eine letzte Herrenpartie gegönnt: Werner Herzog und Klaus Kinski sind gen Afrika gezogen und haben vor den dort ansässigen Negern das deutsche Wesen entblößt. *Cobra Verde* heißt der Urlaubsfilm, den sie mitgebracht haben; die Brüste von etwa tausend Ghanesinnen spielen darin die tragenden Rollen. Begleitet wurde der deutsche Kultur-Ausschuß von einem Schweizer Käse: Steff Gruber, ein Althippie, der sich mit siebzehn entschloß, Regisseur zu werden und diese Drohung wahrgemacht hat. Vorbild des Selbstbeweihräucherers Gruber ist logischerweise Werner Herzog, und spätestens mit seinem *Herzog in Afrika*-Filmchen hat er den Platz fürs Leben gefunden: tief im Enddarm seines Fürsten.

„Filmemacher ist der letzte Abenteurerberuf, und wir sind die letzten Helden." Aber die allerletzten. „Das Abenteuer Kino kann ich nirgends besser erleben als mit Herzog in Afrika." Gruber scharwenzelt, schleimt sich mit Suggestivfragen ein und fühlt sich schon wie Herzog, wenn er die verständnisblubbernde Psycho-Freundschaftstour abzieht. Wie ein Schoßhündchen dackelt er hinter seinem Idol her, die Nase zwischen dessen Arschbacken geklemmt. Seine Dokumentation wird zur unfreiwilligen (Selbst-) Denunziation: Man kann nichts Gemeineres tun als Herzog frei sprechen zu lassen: „Die Energie, der Schweiß, die Leistungen, die schlaflosen Nächte ... menschlich gesehen ist das sehr schwer und unbefriedigend ... ich möchte das nicht jeden Tag machen, aber ich muß ... Filmemachen ist keine gute Arbeit ... ich muß vorsichtig sein, mit meinen Kräften haushalten ... das ist eine außergewöhnliche Pflicht, die auf mir drauf ist, weil das ja kein anderer macht ... ich will ein guter Soldat des Kinos sein ...".

Das Klopfen der eigenen Schulter gibt den Rhythmus, und Gruber pinselt kräftig mit an allen Bäuchen. Während die drei Vertreter der weißen bzw. pißgelben Herrenrasse zwischen den Bimbos umherstolzieren, Kinski auch mal grabbelt („I have no time for you, girls"), Herzog ihn dafür als „Weltwunder" bezeichnet und auch sonst geschwollenes, verlogenes dummes Zeug zusammenfaselt, begeistert sich Gruber an der Wucht seiner mächtigen Gedanken: „Eine Art Kolonialismus auf Zeit?" fragt er tiefschürfend. Stimmt sogar, und zwar eine ganz besonders widerliche, weil sie sich noch „kritisch" gibt. „Ist es nicht immer so, daß wirkliche Kunst über die Grenzen des Normalsterblichen hinausgehen muß?" Das Geschwatze will kein Ende nehmen, Gruber pflanzt sich vor die Kamera, ein Langhaardarsteller mit ohrenbohrendem Akzent, Strohhut, Schnäuzer und Sandalen, ein Weit- und Wichtigwichser, der sein Ziel schon jetzt erreicht hat: so aufgeblasen sein wie Werner Herzog, durch die Welt gondeln mit dem Finger am Auslöser, nichts sehen, nichts kapieren, immer nur ausbeuten, Neger anbrüllen und seine impotente Aufgeilerei als Philosophie der Freiheit an die Feuilletons verscheuern. Erstaunlich, daß man Scheiße so hochstapeln kann.

FWB

Unter Strohm

Als TV-Statist „live vor Ort"

Am 3. Februar 1989 kann ich es in der *ZEIT* lesen: ‚Peter Strohm', eine neue TV-Krimi-Serie mit Klaus Löwitsch in der Titelrolle, taugt nichts. Im Wochenblatt für den gelangweilten Studienrat kommt B. Sichtermann zu einer für die *ZEIT* geradezu gewagten, weil erst seit ca. 10 Jahren allgemeingültigen Erkenntnis: „Der *lonely wolf* klassischen Zuschnitts ist heute ausgereizt." Löwitsch wird bescheinigt, „nicht übel" auszusehen, auch über den „nötigen *He-man-appeal*" zu verfügen, und „viril" findet die Fernsehtante den Helden auch noch. Vivil? Persil? Nein – ich habe einmal ein Großes Latinum geschafft: ‚Charakteristische männliche Züge aufweisend' heißt das, aber das genüge eben heutzutage für einen Privatagenten nicht mehr, an „Selbstironie" gebreche es.

Zwei Tage später ein Anruf, „Haste nicht Lust, Statist zu machen, der SFB dreht bei uns, Peter Strohm mit Klaus Löwitsch, wird bestimmt lustig und 'n bißchen Geld gibts auch", fragt Frau Schmidt, Besitzerin des Punk- und Independent-Clubs *Blockshock* im Berliner Bezirk Kreuzberg, an. „Klar, wann ist das denn?" – „Mittwoch, 8. Februar, 14 Uhr", sagt Frau Schmidt, „bis dann. Und bring noch ein, zwei Leute mit."

Mittwoch um zwei. Das *Blockshock*, in einem Gewerbehof gelegen und von ranzigen, vergreisten und miesepeternden Anwohnern unter Anführung eines CDU-Bundestagsabgeordneten mit Ruhestörungsanzeigen und Räumungsklagen überzogen, wimmelt von jungen Menschen verschiedenster Gruppenzugehörigkeit. Herr Specht, ehemaliger Programmdirektor des Clubs, winkt mit einer Flasche *Becks* und einem Vertrag: „Als Statisten benötigen wir Punks, Skinheads, Beatniks et cetera", verlangt die Produktionsleitung des Senders Freies Berlin. „Du bist ja wohl auch mehr ‚et cetera'", verweist Herr Specht spöttisch auf mein ordentliches schwarzes Jackett, „Biker wollen sie auch noch haben. Ich glaube, wir sollen hier die Bösewichter machen."

Da hat Herr Specht recht. Das *Blockshock*-Eingangsschild wird bereits von zwei Technikern abgehängt und durch ein buntes Graffito ersetzt: *Soul Factory* heißt der Laden jetzt, und man sieht die ekstatisch zuckenden, mit Drogen vollgepumpten und gewalttätigen Jugend-*Gangs* quasi schon vor sich, wie sie da später im Fernsehkasten herumspringen werden.

Ein elfenbeinfarbener *Jaguar Sovereign*, Zulassungsnummer B-CV 9415, wird in den Hof gefahren, und der Hauptdarsteller läßt sich auch mal blicken. Klaus Löwitsch ist klein und gedrungen, hat sich in eine knappsitzende, schwarze Lederjacke gezwängt, und, damit man die Glatze nicht sieht, eine schwarze Wollmütze auf den Kopf gestülpt. „In ‚Einer flog über das Kuckucksnest' haben Sie mir besser gefallen!" ruft ein als Skinhead verkleideter Statist Löwitsch auch folgerichtig zu, aber der zeigt keine Reaktion. Dafür nähert sich jetzt bedrohlich die Produktionsleitung, die ‚Barbara' heißt und im Kommandoton die knapp einhundert Statisten dirigiert: „Ihr tragt euch jetzt erstmal alle in eine Liste ein. Sonst gibts hinterher kein Geld!"

Inzwischen ist auch der Fotograf Owsnitzki eingetroffen, mit einer Frisur, als sei die Ziege zum Grasen drangewesen, aber nein, seine Freundin habe das gemacht, versichert glaubhaft Herr Owsnitzki, „Wir haben gerade Stress", schreibt sich in die Statistenliste ein und stellt deprimiert fest, daß er als Dreißigjähriger an diesem Tag zum uralten Eisen gehört.

Im Innenraum haben die Beleuchter ihre Arbeit beinahe abgeschlossen. Ein Blick in die auf dem Tresen offen liegende Drehbuch-Kopie verrät, daß die *Blockshock*-Szenen zur Serien-Folge ‚Anruf in der Nacht' gehören, die Anfang 1990 als zweite Folge der „zweiten Peter-Strohm-Staffel", wie das im SFB-Deutsch heißt, ausgestrahlt werden soll.

Inzwischen ist bereits eine gute Stunde ereignislos verstrichen, und meine Bekannte, Frau Kahnert, schielt neidisch auf eine SFB-Angestellte, die sich ihre „mittlerweile dritte", wie Frau Kahnert empört feststellt, *‚Lila Pause Crisp'* in den Kopf steckt. Auch Herr Naatz, ein stricknadeldürrer Nebendarsteller, den es aus dem gräßlichen Osnabrück nach Berlin verschlug, meldet „ein Hüngerchen" an, und so trotte ich los, um in einem nahegelegenen ägyptischen Imbiß drei *Falafel* zu besorgen: ein kurzer, aber erfrischender Ausflug ins richtige Leben, und die warmen Blicke, die ich für die dampfenden Leckereien ernte, sind mir Dank genug.

Kaum habe ich meine Zähne in die Gemüseboulette geschlagen, durchbohrt mich Produktionsleiterin ‚Barbaras' drohend geschürztes Auge. „Meinen scharfen Blick siehst du, ja? Wenn man den Set verläßt, ist es Usus, daß man sich vorher bei der Produktionsleitung das Okay holt. Und wenn man sich daran nicht hält, kann das dazu führen, daß der Lohn nicht gezahlt wird!" spielt die Ordnungskraft ihren vermeintlich wirkungsvollsten Trumpf aus. „Es könnte ja sein, daß man dringend gebraucht wird." ‚Gebraucht werden – wollen wir das nicht alle?' möchte ich zurückgeben, starre Frau ‚Barbara' stattdessen aber nur kauend an, zumal es jetzt auch mit den Dreharbeiten ernstlich beginnen soll.

Während ich zunächst mit drei modisch die Sechziger Jahre nachempfindenden jungen Männern der Sorte Pit Pottschnitt im Eingang postiert werde – „Unterhaltet euch ganz locker" – und der als Türsteher vorgesehene Punk ebenso richtig wie gehässig bemerkt, daß Herr Löwitsch, sollte er diesen Laden tatsächlich zu betreten versuchen, doch garantiert mit einem unmißverständlichen „Verpiß dich, Opa!" zurückgewiesen würde, hat es sich die für die Statistenführung verantwortliche ‚Daniela' nach etwa zehn Minuten wieder anders überlegt und bringt unsere Kleingruppe auf die Tanzfläche, auf der wir uns, begleitet von einer entsetzlich rohen und uninteressanten Musik, die in der Besserwisserzeitschrift *SPEX* und von anderen Vertretern des Auf-der-Höhe-der Zeit-Geistes wohl als *Hardcore* bezeichnet würde, möglichst „wild" und mit „viel Power" zu bewegen haben. Heraus kommt aber ein eher schüchternes, von Gekicher begleitetes Geschlenker der Extremitäten. „Nein, das geht so nicht! Mehr Action!" verlangt ‚Daniela', „und vor allem nicht aufhören, wenn wir die Musik ausmachen, wir müssen nachher auch ohne Ton drehen." Immerhin drei Punks quälen sich daraufhin eine Art Pogo ab, der aber, als die Musik tatsächlich erlischt, mehr an eine Turnstunde denn an Jugendprotest und -revolte gemahnt.

Bevor noch ‚Daniela' weitere Freizeitanimationsprozesse in Gang setzen kann, verlagert sich das Geschehen an den Eingang. Die Hauptdarstellerin dieser ‚Peter-Strohm'-Folge, Frau Iris Berben, schwer geschnatzt mit Hut und Takelage, ist am ‚Set' eingetroffen, und aus einer Gruppe von Beatnik-Statisten, die sich die zäh verrinnende Zeit mit dem Austrinken mehrerer Schachteln des nach Harn schmeckenden

Berliner Kindl-Bieres vertrieben haben, ertönt ein wenig frauenfreundlicher Begrüßungsruf: „Dich hab ich doch zuhause nackt an der Wand hängen!“, eine recht derb formulierte Anspielung auf Frau Berbens Nebentätigkeit als Modell für die *Golf*- und *Opel Manta*-Fahrer-Zeitschrift *PLAYBOY*. Iris Berbens Antwort an den jungen Verehrer: „Ich habe einen schönen Körper, und den kann ich auch ausstellen.“

Es wird gedreht. Klaus Löwitsch muß an der Theke ein Getränk bestellen und ein bißchen herumhorchen; die Frau hinter dem Tresen, eine grünhaarige Punkerin, zehn Jahre, nachdem dieses Aussehen etwas zu bedeuten hatte, auch im SFB salonfähig und unverzichtbar, erweist sich als Kreativkraft: „Knacker“ sagt sie zu Löwitsch, obwohl das gar nicht im Drehbuch steht, und der Regisseur ist begeistert über soviel Erfindungsgabe, Spontaneität und vor allem authentische Jugendsprache, die er da vermutet. Kein Wunder: Die SFB-Crew, mittlerweile komplett am Drehort, sieht geschlossen so aus, als habe sie ihre Rente schon bis auf den letzten Pfennig ausgerechnet; grau, unfroh, ält- und säuerlich: die verbeamtete ruhige Kugel, die man schiebt, um sie sich irgendwann in den Kopf zu jagen.

Die Tresenszene geht ihrem Höhepunkt entgegen. „Du gehst ja in merkwürdige Läden“, muß Herr Löwitsch zu Frau Berben sagen, und die antwortet schnippisch und prompt: „Dir wäre 'ne Pilskneipe mit Kegelbahn wohl lieber.“

Neben dem Eingang ist die Batterie leerer *Kindl*-Flaschen rapide angewachsen, „Ich-bin-im-Fernsehn!“- und „Ich-grüße-meine-Freunde-in-Steglitz“-Rufe mehren sich, schnell aber sorgt ‚Barbara‘ zischelnd für Ruhe und den produktionsnötigen Ernst. Die Pogo-Pantomime ohne Musik wird für die Kamera wiederholt, Klaus Löwitsch unterschreibt zwei Autogramme für die Mutter von Frau Schmidt, auf dem PR-Foto kuckt er wie im Film, halb Clint Eastwood, halb Yul Brynner. Der Vollcinéast und Literaturpreisträger von Hallig Hoge, Owsnitzki, schwatzt permanent von ‚Klaus Lubitsch' und ‚Peter Storm', ein *Quick*-Fotograf erscheint und jammert herum, er habe sich „total verfahren, furchtbare Stadt" usw., bekommt seine Standfotos von Löwitsch/Berben aber doch noch, ‚Daniela' bedient versehentlich die Rauch- bzw. Nebelanlage und wird mit einem Hustenanfall nicht unter drei Minuten belohnt, ein SFB-eigener Lieferwagen fährt vor und bringt Folienessen für die Crew. Das „Kalbfleisch mit Blumenkohl und Kartoffeln" sieht zwar eher aus wie Schleimbeutelentzündung auf warmem Eiter, die Statisten gehen aber trotzdem leer aus, die werden jetzt in Dreiergruppen einem kinnbärtigen SFB-Zahlmeister zugetrieben, sechzig Mark gibts gegen Quittung. „So. Und wer dann fertig ist und ausbezahlt, dann bitte gleich auch gehen", erinnert ‚Barbara' das Fußvolk in höchst eigenwilliger Diktion daran, daß es das Fußvolk ist, fünf lange Stunden lang hat es gedauert, und Anfang 1990 sehen wir uns alle anderthalb Minuten lang wieder, bei ‚Peter Strohm', ‚Anruf in der Nacht', an einem Montag um viertel nach acht im Ersten Programm.

Berufsberliner

Morgens am Kiosk, *Einmal Player's Navy Cut bitte*, der grauhaarige Dicke greift in sein Regal, *Morjen Manne,* wird er jetzt begrüßt, *Morjen Walta,* gibt er zurück, *wie jehts Hertha? – Och, nich so juut,* meint Walter, *liecht im Krankenhaus, Kiefer jebrochen, wa. – Hähä, haste ihr wohl orntlich uffs Maul jejehm!* – Jroßet Jelächta.

An die durch Berlin hastenden Kraftwagen müßte man seitlich links und rechts große, ruckartig ausschwenkende Ellbogen installieren; so fahren die Leute hier Auto. Kleinlich und großmäulig, die Lücke und den Vorteil suchend, *wech da, jetz komm icke.*

Berliner zu sein ist eine Berufung. Man kann bei *Bolle* die Regale auffüllen, Frisör sein, Mechaniker oder an der *Freien* Universität Wissen auf sich häufen, eigentlich, in seinem Wesen und Herzen, ist man in Berlin nur eins: Berliner.

Das Credo des Besonderen trägt besonders prächtig mit sich herum, wer noch nicht richtig dazugehört. Das ist in erster Linie der junge Mensch, gern aus dem Süddeutschen, speziell Schwäbischen – *schawwe schawwe Häusle besetze* bzw. jetzt wieder *baue* – stammend. Wer es in der Butzenscheibenzwangsgemütlichkeit oder Verödung seines Zuhauses nicht mehr erträgt, den zieht es nach Berlin. Möglichst, und nach Verbreitung so wohlfeiler Schablonen wie *Linie 1* sicher noch verstärkt, nach *Kreuzberch. Sechsendreißich.* Rasch fliegt das Lodenjäckchen auf den Müll, schwarz wie die Zukunft eines ehrlichen Politikers ist das neue Kleid, möglichst in Leder, Proletenkäppi aufs bleiche Haupt, und der junge Berufskreuzberger ist perfekt.

Watt denn, watt denn, ditte, dette und *icke* lernt er schneller akzentfrei auswendig aufsagen als früher *Mama* und *Papa*. Briefe schreibt er nach Hause, „Beneidet mich! Beneidet mich! Ich lebe in einer Metropole!“, und richtig gut geht es ihm, wenn er nach ca. zwo Wochen den ersten lieben Besuch aus dem *ekelhaften Wessiland* mit stolzgeschwollener Brust herumführt zum Beweis, daß er es nun ganz klasse geschafft hat.

Bei meiner ersten Reise nach Berlin nahm mich der Schauspieler Ralf Herforth aus der beinahe gleichnamigen ostwestfälischen Kleinstadt in seinem Wagen mit; *Mein Berlin! Mein Berlin!* stöhnte er wie lendengekitzelt auf, als wir die Avus hinabglitten. Auch im Ausland hatte ich auf die zugegebenermaßen dösige Frage *Was machst du denn so?* verdächtig oft die Antwort *Ich bin aus Berlin* bekommen, diese deutlichen Mahnungen und Winke des Schicksals aber sträflich mißachtet.

Wir lieben diese Stadt offen, fair und kritisch, heißt das geistverlassene Programm eines Alexander Kulpok vom Sender *Freies* Berlin:

Das ist genau dieser grobnotorische Zwangsoptimismus, die Sülzwurstmentalität, die gußeiserne, verbissene Fröhlichkeit, dieses Wir-sitzen-alle-im-selben-Rosinenbomber-Gequalle, das einem diese Stadt manchmal verleidet.

Ansonsten: Prima hier. Echt knorke.

EREIGNISKARTE

Gehe in das Gefängnis.
Begib Dich direkt dorthin.
Gehe nicht über Los.

Ziehe nicht DM 4000 ein.

Nur mal so reinriechen

Anonyme Geschlechtsverkehrer berichten. Eine Betroffenenreportage

Sie leben mitten unter uns und doch am Rande der Gesellschaft: Geschlechtsverkehrer. Ihre tückische Krankheit wird in Liedern bagatellisiert, ihre Sucht mit lockeren Sprüchen und Witzchen verharmlost. Doch Millionen Menschen in diesem Land sind schon heute betroffen, und täglich erhöht sich ihre Zahl.

Als M. mich vor wenigen Stunden anrief und um ein Gespräch bat, wußte ich noch nicht einmal von der Existenz der ‚Anonymen Geschlechtsverkehrer'. Jetzt stehe ich gespannt und beklommen

Transpirierend und beklommen
ist er vor die Tür gekommen
Ach, sein Herz das klopft so sehr
doch am Ende klopft auch er
(Wilhelm Busch)

vor der Tür einer Kreuzberger Hinterhauswohnung. Ein bärtiger Mittdreißiger öffnet, schüttelt mir herzlich die Hand und stellt sich mit „Du, ich bin der M." vor.

In einem großen Raum ist ein gutes Dutzend Leute versammelt: ‚Anonyme Geschlechtsverkehrer', ihre Angehörigen und Betreuer. Auf den Tischen stehen Knabberschälchen mit bunten Psychopharmaka. Menschen aller Altersgruppen und sozialen Schichten sind hier versammelt, Menschen, deren Wege sich nie gekreuzt hätten, verbände sie nicht die eine Sucht: Geschlechtsverkehr. Oder, wie B. sagt, „dieses gottverdammte Ficken". B. ist Angehörige. „Ich habe jahrelang danebengelegen und von nichts gewußt. Weil ich von nichts wissen wollte!" gesteht sie mit bitterer Stimme und legt ihren Arm um J.s Schulter. J., ein zerrüttet wirkender Brillenträger, ist ihr Ehemann. Sechs Jahre waren die beiden verheiratet, bevor B. seine Sucht bemerkte.

„Es war die Hölle." J. spricht stockend und schwerfällig. „Am Ende habe ich es überall getan, in den Blumen, im Büroschrank, auf dem Weg zur Arbeit. Ich wollte es vor B. geheimhalten und alleine damit fertigwerden, aber es war stärker als ich. Als ich schließlich beim nüchternen Morgenverkehr war, wußte ich: Jetzt geht es auf Leben und Tod. Wenn B. nicht gewesen wäre ..."

Bei ‚Bürger bekennen: wir haben gefickt' sei er gewesen, berichtet K., aber dort sei man nur scharf auf Prominente gewesen. Ich erfahre von einem katholischen Arbeitskreis ‚Verkehr – Fluch oder Segen', einem marxistischen Hochschulseminar ‚Der Geschlechterverkehr als durchsichtiges Täuschungsmanöver der Bourgeoisie' und einer DKP-Liste ‚Einheitsfront Weg mit dem Ficken!'. Überall aber habe man nur die Nöte und Bedürfnisse der Betroffenen ideologisch mißbraucht.

So haben sie sich schließlich zu praxisnah orientierten Organisationen und Selbsthilfegruppen zusammengeschlossen. D., früher selbst Betroffener und heute ehrenamtlicher Helfer der Gruppe ‚Hand im Schoß': „Wir können oft gar nicht viel tun. Zunächst zählt nur da sein, zuhören und aufwischen." Ein Weinkrampf unterbricht ihn. Nur Satzfetzen sind zwischen den Schluchzern zu verstehen. „... alles ganz harmlos angefangen ... nur mal so reinriechen ...". Es ist erschütternd.

Tiefberührt verabschiede ich mich. Ja, ich werde berichten, ich werde darüber schreiben, ich verspreche es. Viele Hände muß ich schütteln bei diesem vorläufigen Abschied. Auf der Straße fällt mir die schummrige Beleuchtung in vielen Fenstern auf – es sind Schlafzimmerfenster. Mich fröstelt. Irgendwo dort draußen wartet eine Frau auf mich.

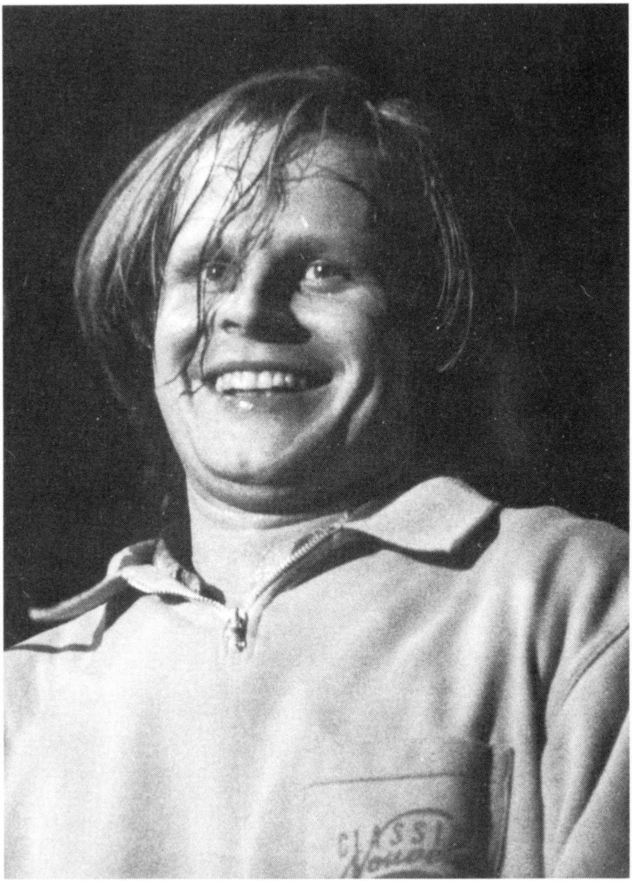

Laut Stammeln und Nuscheln

Grölemeyer kann nicht tanzen.

Herbert war hier. In Berlin. Tempodrom. Total ausverkauft. Aber billig. Feiner Zug. Könnte mehr nehmen. Ist populär genug.

Herbert hackt Sätze. Nuschelt. Klingt lustig. Auch irgendwie kaputt.

LP heißt ‚Sprünge'. Was meint er? Große Sprünge? Bochum — Hollywood? Sprung in der Schüssel? Weiß nicht. Kann nichts sagen. Angst. Deutschland. Kindheit: Vater Pils. Mutter Putzen. Alles total kaputt.

Herbert schmachtet. Balladen: „Gib mir den Schmerz zurück, ich brauch deine Liebe nicht." Teenies toben. Tränen. Trauer. Wut.

Amerika: entsetzlich. Thema zwei. Unberechenbar. Überheblich. Noch schlimmer als Deutschland.

Herbert ist klug. Mehr im Kopf als Publikum. Publikum ballt Faust. Ruft: „Buh". Spendet Applaus.

Band ist gut. Wuchtig. Schlagzeuglastig. Schwer. Trocken. Bißchen schwülstig.

Herbert lacht. Schwitzt. Winkt. Freut sich. Gibt, was er hat. Hat den Jaul, nicht den Soul. Klingt leicht abgestochen. Aber voll da.

Tanzen. Herbert kann nicht tanzen. Kein Rhythmus. Kein Körper. Sieht komisch aus. Krank. Hospitalistisch. Autistisch.

Herbert hebt Zeigefinger. Ständig. Zeigt ins Publikum. Warum? Weiß nicht. Angst. Kann nichts mehr sagen. Aus.

Rosen in Cellophan

‚Carpendale' statt ‚Howie'

Nirgendwo auf dieser Welt – und nicht einmal mehr im deutschen Schlager – ist man sicher vor fremder Leute ‚Bewußtheit'; jeder Knüppel findet sich heutzutage ‚sensibel', jeder Opportunist möchte seine ‚kritischen' Gedanken in uns hineinzwängen, Fußballspieler stammeln in Talkshows für den Frieden, statt Flanken zu schlagen, Tore zu schießen oder per Blutgrätsche voll durchzuziehen, an jeder Ecke triumphiert die Gesinnung über Verstand und Profession. ‚Die Gesellschaft' bzw. ‚die gesellschaftlichen Probleme' geben diesbezüglich ein Klassethema her; nicht, daß einer was ändern wollte, aber es ist ein schönes Gefühl, mal darüber geredet zu haben. Die trostreiche Kunst des Eskapismus aber bleibt auf der Strecke; vorbei sind die Zeiten, wo sich einer hinstellte und unbefangen *Laß mich dein Badewasser schlürfen* bzw. *Wild ist der Westen, schwer ist der Beruf / Uff* singen konnte, ohne sich von irgendwelchen Oberschülern erzählen lassen zu müssen, es mangele ihm an ‚kritischem Gehalt' und dergleichen Unfug mehr.

Howard Carpendale im November 85 im Berliner ICC: im Saal durch Ordnerriegel sich wühlende, blumenbewaffnete, begeisterte, wonnekreischende, glückliche Frauen; auf der Bühne ein semmelblonder Sonnyboy, der ihnen die Lügen auftischt, die sie hören wollen, von denen sie wissen, daß es Lügen sind, und die sie genau deshalb lieben – Motto: Das stimmt zwar nicht, aber es klingt so schön – kurzum: ein Rausch des schlechten Geschmacks, aber wenigstens ein

Rausch, zweieinhalb Stunden raus aus einem Leben, das für die meisten doch ohnehin nur aus Tritten, Demütigungen und Langeweile besteht: ein richtig schöner, schmierlappiger Abend war das damals.

Und heute? Weh und Aua auf der ganzen Szene. Howard Carpendale im März 88 in der Deutschlandhalle: Als *Carpendale* will er uns jetzt kommen, der Name bürgt kantig für Spitzenqualität, Top-Unterhaltung und alles, aber *Howie*, ihn, den wir liebten, weil er nichts anderes sein wollte als ein Sänger und Entertainer, *Howie* gibt es nicht mehr. Der Anspruch hat ihn verschlungen. Was sind das für Zeilen: *Sie machte Pläne / sie wollte studieren*? Nein nein nein, so etwas wollen wir nicht hören, sondern *Ti amo, isch sag nur ti amo, ti amo ti amo ti amo ti amo,* und zwar dröhnend, schleimig und in voller Länge! Nicht zum Potpourri verwurstet mit anderen Perlen der Schmachtfetzen-, Kulleraugen- und Triefseelenkultur wie *Deine Spuren im Sand, die isch gestern noch fand, hat die Flut mitgenommen, was bleibt mir noch von dir ...*

Es nützt nichts, daß die zwölfköpfige Band richtige Pop- und Rockmusik zu spielen in der Lage ist: darum geht es doch gar nicht, sondern ums Gefühl, um den Kitsch, um die herrlisch falschen Träume, um die sammetweichen Seelenküsse, um das Dahinschmelzen des, soweit vorhanden, Restverstands, um das Sichauflösen in einem Himmel, der uns auf Erden nicht gegönnt ist.

Es ist traurig. Die Frauen, die sich in ihre in allen Farben des nackten Entsetzens schillernden Paillettenblusen hineingequält haben wie die Wurst in die Pelle, müssen ohne falschen Trost nach Hause gehen. Schon wieder hat ihnen jemand für teures Geld erzählt, was sie längst und viel bedrückender schon wissen: daß die Welt schlecht eingerichtet und das Leben keine leichte Sache ist.

Duuuh, wenn es disch irgendwo gibt, und wenn noch niemand disch liebt, dann werd isch dir gegenüberstehn singt *Carpendale* schon gar nicht mehr, stattdessen Popklassiker von *Chicago, Foreigner* etc., auf englisch natürlich auch noch. Es gibt ein Grundrecht aufs Belogen- und Betrogenwerden, auf Bewußtlosigkeit und falsches Glück, auf die ungetrübte Freude, die ohne störende Beimengungen von Sinn verabreicht wird. Denken können wir selbst, dafür brauchen wir keine Schlagersänger. Ich will keinen Bewußtseinsschlager und keinen *Carpendale*. Ich will *Howie, Howie, Howie,* im gleißend hechtgrauen Dress, unwiderstehliches Lächeln zwischen den Ohren, mit einem Blick, als sei er dösig genug, den Ramsch, den er singt, auch noch selber zu glauben: *Nachts, wenn alles schläft, sollst du bei mir sein, isch brauche deine Liebe ...* – mit diesem angeleckten ‚r' und allen falschen Verspreschungen, die diese Welt für uns bereithält.

Zukunftsforscher

Nein, ich will nichts prophezeien
Nichts beschwören, nichts beschreien
Nur dies eine will ich sagen:
Es geht Euch mächtig an den Kragen.

Will nicht mit gehißten Brauen
Düster Richtung Schicksal schauen
Aber eines kann ich sehn:
Euch wird der Arsch auf Grundeis gehn.

Das wars für heute. Quakel.
Radio Orakel.

Vorgarten Eden

Andreas Vollenweider

Der Weg ins Paradies sah anders aus als erwartet. Gedränge, Krach und eifrig wieselnde Menschen, die gleich zwei ‚Zeitschriften für Zeitgeist' gratis verteilten. Zeitgeist statt Ewigkeit? Ich wurde skeptisch, und als zwei Erzengel mit eingearbeitetem Lächeln den Einheitspreis von sechsundzwanzig Mark kassierten, da ahnte ich: oben der gleiche Nepp wie unten.

Aber wenn es dafür Ruhe gab und Frieden? Gras gab es, dichten, sattgrünen, federnden Rasen, den geschundenen Leib darauf auszustrecken. Doch auch der Seele sollte Erquickung zuteil werden. Während ein paar Ungläubige zu diesem Zweck noch Bier- und Würstchenstände umlagerten, fand sich unterm geschwungenen Zeltdach der Meister selbst ein, den gequälten Großstadtmenschen Trost zu bringen.

Andreas Vollenweider und seine fünf Hilfsengel warfen flaumig-zarte Tönchen in die beginnende Nacht. „Down to the moon" hieß das Intermezzo im Vorgarten Eden, obwohl der Mond nicht ganz mitspielte: Dumm, wie er war, blieb er über uns hängen. Sonst klappte es aber prima mit der Technik, zartblaue und zartrosa Lichtlein verliehen der Bühne die Aura sanfter Abgehobenheit, und musikalisch gab es alles, was eine vollgerauchte Hippiephantasie so richtig auf Touren bringt. Die Flötentöne wurden uns beigebracht, die Percussionisten raschelten, zimbelten und pingelten verhalten, und Andreas Vollenweider machte den Seelenfriedenkitsch komplett.

Die Harfe perlte und juchzte, und sprechen konnte der Musiker auch noch. Es gebe „keine Schweizer, keine Deutschen und keine Italiener, nur Menschen“, gab er in einem Dialekt zum besten, der nahelegte, es gebe Menschen und es gebe Schweizer. Von „unseren Bedürfnissen“ sprach er, die ja ganz leicht zu definieren seien (was er dann aber geschickterweise nicht tat), und von „neugeborenen Dingen“ und Wesen, mit denen er allerdings seine Kompositionen meinte. Auch war nicht von einer Band, sondern von „friends“ die Rede: eine Welt ohne Arbeit, ohne Gegner, ohne Mühe, ohne Kampf, kurzum: ein Scheißdreck, was Vollenweider da rausleierte. Dennoch muß es ihn sehr erschöpft haben: Schon nach einer halben Stunde schwebte die Combo in die Kabinen, zur Pause.

Andreas Vollenweider gilt ja als der Welt bester Harfenspieler bzw. Harfist. Wer aber einmal die Edgar-Wallace-Verfilmung mit Klaus Kinski als ungeheuer sinister auf der Harfe klimpernden Butler gesehen hat, der ist weit Besseres gewohnt.

Sollte ich wirklich einmal sterben und noch dazu in den Himmel müssen, so bitte ich um zweierlei: kein Konfirmationsunterricht und kein Welterlösungs- und -umarmungskrempel.

Nach den schwebenden, zirpenden Klängen in die Bösewelt mit brummbrumm und tüüttüüt zurück zu müssen, war natürlich äußerst bitter.

Das Leben ist ein Hacketal

In einem Moment der Unaufmerksamkeit kann es einem geschehen, daß man sich auf dem Flur unserer kleinen Zeitung vom Berliner Kulturkönig Qpferdach ansprechen läßt. Arglos und nichtsahnend lauscht man den schönen Worten, läßt sich vom warmen Klang seiner volltönenden Stimme wiegen, achtet nicht des tückischen Glitzerns im lidumränderten Redakteursaug', und eh man sich's versieht, steht man wieder da wie Kasper Nullhorn, irgendeinen windigen Auftrag in der Hand drehend; Kulturmann Q. aber schreitet stolz und händereibend von hinnen wie Kalif Storch.

So findet man sich denn, geläutert durch eine Pressekonferenz zur *Europäischen Kulturstadt E 88* bzw. E 605, nur mangelhaft gestärkt mit einem hastig hinabgegossenen Glas Roten, im Jugendzentrum ‚Weiße Rose' in der Schöneberger Martin Luther-Straße zum Konzert einer Band *The World* wieder. Vergessen sind die Flüche auf das ungerechte Schicksal und die eigene Gutgläubigkeit, bei einem Becher des schalen Berliner Bieres und einem Zigarettchen entspannt man sich mit der inneren Bereitschaft, sich von der Musik junger Menschen mitreißen und verzaubern zu lassen.

Doch oh weh! Dunkel grummselnd raunt der Baß, wie Endzeit, Allesvorbei, Ausundschluß torkelt das tiefe Gebrumm, der Gitarrist fiept passend zum schwarzen Rollkragenpullover, und das Timbre der Sängerin kündet von der Welt großem Weia; nein, es ist noch nicht einmal wirklich schlecht, einfach bloß überflüssig.

Achselzuckend geht man seiner Wege, die bohrende Frage zwischen den Ohren: Wie geht das – so jung und schon so lasch? Und dann – wundersam sind die Wege des Herrn – spielt einem ein freundlicheres Geschick ausgerechnet eine *Hör Zu* in die Finger, und mit wachsendem Staunen liest man und begreift:

„Wo ist meine Lebensfreude? Materiell fehlt mir nichts, aber ich unternehme nichts, habe kein Hobby und zerbreche mir den Kopf, woran das liegt. Meine Freundin hat mich auch verlassen. Ich habe eine Lehre hinter mir, die mir nicht lag. Ich glaube fast, daß meine Leiden daher kommen. Früher war ich voller Freude. Jetzt bin ich nur unzufrieden. (Leser Michael, 20)" — Antwort der *Hör Zu*-Redaktion: „Offensichtlich fehlt Ihnen ein wirklicher Lebensinhalt. Wahrscheinlich kommen Sie nicht über Freunde oder ein Hobby dahin, sondern nur über eine neue Aufgabe. Überlegen Sie genau, was das sein könnte. Woran hätten Sie berufliches Interesse? Was würde Ihnen sonst Spaß machen? Achten Sie nur darauf, daß Sie nicht in eine Sekte oder in eine radikale Gruppe geraten. Es gibt viele bewährte Angebote (Kirchen und Wohlfahrtsverbände, Naturschutz etc.) Scheuen Sie vor Aufwand und Mühe nicht zurück."

Endlich, endlich Aufschluß über die Ursprünge des Berliner Musiklebens.

Please let me the Rockmusic play

Die Jury des Berliner ‚Rock News'-Wettbewerbs tagt in Bad Bevensen in der Lüneburger Heide. Aus den Aufzeichnungen eines Juroren

Wir fahren! Wir fahren! johlt Jurorin Peters vom Beifahrersitz im quietschenden Diskant, und es stimmt: Wir fahren. Am Steuer ihres kleinen silbernen japanischen Autos sitzt schwitzend und stämmig Juror Schulz, der eigentlich Knabben heißt, aber dann war er so dumm zu heiraten, und das hat er nun davon: Schulz, während im Fond des Wagens Juror Goldt und ich in ein zartes, angeregtes und schönes Gespräch vertieft sind, das aber jäh und roh von einem mit Reitstiefeln angetanen Wachtmeister auf Verkehrskontrolle unterbrochen wird; dies nicht nur nach erst fünfhundert Metern zurückgelegter Strecke auf der Skalitzer Straße in Berlin-Kreuzberg, sondern auch noch mit der läppischen Begründung, Juror Goldt und ich seien *nich anjeschnallt, vierzich Maak für jeden, na juut, vierzich zusammen, weil ihrs seid, Jungs,* schnarrt die Mehlmütze und dünkt sich dabei noch jovial; zähneknirschend zahlen wir dem Petermann seine Blut- und Erpressergroschen.

Gänzlich unbehelligt fahren wir dann weiter, Richtung Hamburg durch die DDR, über die ja immer sehr herzlos und revanchistisch geschimpft wird, und nachdem wir den prüfenden Blicken ihrer Kontrollorgane standgehalten und auf bundesdeutscher Seite das *Deutsche Salzmuseum* und das *Industriedenkmal Saline Lüneburg* passiert haben, sind wir in Bad Bevensen, am Ziel unserer Reise.

Hier erwarten uns schon zwölf weitere Jurorinnen und Juroren und vor allem Manfred ‚mean mean' Fischer, im Berliner Musiker-Volksmund *Senatsrockbeauftragter* genannt, sowie sein erfahrener Gehilfe Sandy Hobbs; alle gemeinsam werden wir in den nächsten drei Tagen aus 256 eingesandten Kassetten 21 Bands auswählen, die an der Endrunde des mit 50.000 Mark dotierten und *Rock News* betitelten Wettbewerbs teilnehmen werden. Die Jury ist zusammengesetzt aus lauter Top-Fachleuten wie Veranstalterinnen, Musikjournalisten, Musikerinnen, Verlegern usw., und da es sich um eine Angelegenheit für junge Leute handelt, liegt das Durchschnittsalter, höflich geschätzt, bei Mitte Dreißig.

Nachdem der zuvorkommende und in diesen Dingen erfahrene Senatsbüttel Herr Hobbs den Kühlschrank des Jurorenzimmers mit allerlei Getränken gefüllt hat, beginnen wir unsere bedeutende Tätigkeit. *Welcome to the victims of the fire* jault es uns von der ersten Kassette entgegen, und die Reaktionen auf diesen unerwartet frühen Schuß vor den Bug kommen prompt aus berufenem Mund: *Mach den Dreck aus! Ist ja widerlich! Jedes Jahr dieselbe Rotze!* usw., aber nun, da es begonnen hat, gibt es kein Zurück. Den Kassetten sind Textblätter, Fotos und biographische Angaben der Musiker beigefügt, die schon bald größeres Interesse erwecken als die Musik, *Kuck ma, der sieht aber Scheiße aus, hehehe,* und bereits um 15.53 Uhr – meine Aufzeichnungen sind in diesem Punkt unmißverständlich – äußert Jurorin Peters den dringenden Wunsch, sich massiv betrinken zu wollen. Dem Antrag wird stattgegeben.

Immer bunter und munterer wird das Treiben, Kommentare wie *Rias 2-Dreck, Ethno-Gesindel, Düstergetue* usw. schwirren durch den Raum, aber immerhin einige Juroren gehen ihrer Tätigkeit mit dem gebotenen Ernst nach: Herr Schwerdt etwa, der für das Magazin *tip* bzw. *top* tätig ist und gleichermaßen an Thomas Brasch wie Wolf Wondratschek gemahnt, hockt mit dem unwilligen Air des Schwerintellektuellen auf einem für ihn viel zu geringen Stuhl, knüllt seinen mürrischen Maulemund und schleudert mit jeder Faser seines Schweigens in die Welt, daß er a) eigentlich aus New York stamme und b) durch und durch ein Vertreter des modernen Lebens sei.

In der Zwischenzeit hat nicht nur Frau Peters, die über und über mit Geschmeide behangen ist, den Getränken zugesprochen; Jurorin Döring etwa beginnt im Zuge der Ereignisse an Frau Fukking, die wirklich so heißt und deren Namen man nie englisch aussprechen darf, herumzukneten, was dieser so gut gefällt, daß sie einen Mund wie Flipper macht, ein Kunststück, das sie auf allgemeinen Wunsch noch viele Male wird vorführen müssen, sie sieht dann wirklich aus wie ein Delphin, und Juror Goldt kann nur mit Mühe daran gehindert werden, ihr einen Hering zuzuwerfen; auch Juror Schulz hat seine sensiblen Musikerhände auf die Schultern von Frau Murray gelegt, die bei der Soulband *The Deep* singt und ihre Bühnenstrickjacke trägt.

Das sind doch Wichser! empört sich Juror Schacht bei Kassette Nr. 41, wird aber mit einem lächelnden *Wichsen ist nicht so schlecht* von Juror Goldt milde gestimmt, während Juror Schulz seine Massagetätigkeit für einen Moment unterbricht, *Wichsen ist unter der Gürtellinie* kräht und sein Odol-Mundspray zückt, um es sich wie weltverachtend in den Rachenraum zu sprühen. Jungjuror Lehmann, der für alle Bands votiert, die etwa so klingen wie seine eigene, *The Smash*, versucht der Angelegenheit positive Aspekte abzugewinnen. *Die Braut is juut*, kommentiert er eine Sängerin enthusiasmiert, wird jedoch mit einem *Das ist hier aber kein Senatsbrautwettbewerb* postwendend abgeschmettert.

Ich kann kein Floß sein, wenn du nicht das Meer bist, quittiert Juror Schacht Kassette Nr. 55, und auch der sonst so mürbe Herr Schwerdt schreckt kurz hoch, fällt aber augenblicklich ins Erloschene zurück.

Es ist auffällig, daß etwa jede englisch singende Band die Textzeile *I'm walking through the city* in ihrem Repertoire hat, wobei, wie Juror Goldt sprachkritisch feststellt, das Wort *city* stets wie *sssiddey* ausgesprochen wird; die deutschen Beiträge zeichnen sich durch eine meist unerwiderte Liebe zum Gereimten aus: *Stein auf Stein, entstanden im Nu, läßt unsere Liebe nicht zu,* man möchte es nicht glauben, aber meine Aufzeichnungen sind auch in diesem Punkt korrekt, *kein Bauer mehr* geht auf *Militär,* der *Dussel* reimt sich auf *Puzzle,* aber auch das Englische allein ist noch keine Rettung: *Please let me the rockmusic play.* Heavy Metal ist heilbar. Oder?

Auch die Jury kommt im Laufe der drei Tage in Bad Bevensen mächtig ins Schleudern: *Es gefällt mir nicht, aber ich finde es gut,* hört man zu seinem grenzenlosen Erstaunen Jurorin Fukking im Brustton der Überzeugung sagen, mit einem dramatischen *Was habe ich nur für einen entsetzlichen Geschmack!* bricht Juror Schacht zusammen. *Das ist doch schön, das ist doch schön,* beginnen unvermittelt die Jurorinnen Schütte und Peters zu jodeln, und als ich einmal schüchtern *Aber die Schweineorgel ist doch prima* einzuwerfen mich getraue, fertigt mich Juror Schulz stante pede mit einem häßlichen *Dann kauf sie dir doch!* ab.

In den Pausen spielen wir Minigolf und Federball, zu größeren Entdeckungsfahrten in die Heide sind wir nicht mehr fähig. Die Räume der *Europäischen Heimvolkshochschule* Bad Bevensen werden von Gruppen seltsamster Couleur heimgesucht, Collagen und Abschiedsgrüße an den Wänden künden von Zufriedenheit, Glück und Debilität des deutschen Menschen. *Was fällt mir zur Lüneburger Heide ein? Schafe, Essen, Erika, Wandern und Wacholder.*

Immer wieder peitscht Manfred Fischer zur Eile. *Mach die Tür zu, schmeiß in die Ecke die Schuh* empfängt uns Kassette 147, auch Reggae nn-ta nn-ta ist im Angebot, *Ei Mann, Eiermann,* der Rastamann schafft Zaster an. Nr. 155: *Das Ziel der Band ist es, den Hardrock nicht sterben zu lassen.* Aber dafür die Jury.

Höhepunkt der Tagung ist das mehrfache Abspielen und Anhören der Kassette Nr. 167: *Niemand* heißt die Band, *Kikki Chaos* die Sängerin. *Und machen wir dann Liebe, bin ich obenauf, es ist schön dich fest zu spür'n,* tönt es wie Ina Deter aus dem Äther; es folgt ein anhaltendes Geräusch, das vom Textblatt mit *aaarrrggh* nicht ganz korrekt wiedergegeben wird, *Männer die fühl'n sich saugut an, ich brauch was Rundes in mir, bevor ich einschlafen kann,* refraint es ein ums andere Mal – leider gelingt es Juror Goldt und mir nicht, diese Band bis in die Endrunde zu bringen, unser Ansinnen wird mit humorlosen Worten vom Tisch gefegt, und auch Jurorin Murray, die uns lange Zeit stützte, läßt uns an diesem Punkt geschmacklich im Stich. Eine nicht wiedergutzumachende Nachlässigkeit der Gesamtjury und ein schwerer Verlust für das Berliner Musikleben.

An dieser Stelle verwirren sich meine Aufzeichnungen, auch ich habe nach dieser herben Enttäuschung wohl Trost in Alkohol und Zwiegespräch gesucht, Zeilen wie *Ich stehe hier vor Sacre-Coeur* oder *Now is the time of life when writing poems becomes like having orgasms* lasse ich teilnahmslos an mir vorüberziehen, und nicht einmal *Das ist der Beweis, es steht geschrieben schwarz auf weiß* will mich erheitern. Auch die juryinternen Zankereien *Okay, das Tape ist mies, aber hör dir die Band mal live an!* inclusive rhetorischer Konter: *Live sind sie noch schlechter!* gehen mich nichts mehr an, 21 Bands werden am Ende gewählt, aber *Kikki Chaos* ist nicht dabei, und auch *Faux Pas* werden diese Zeilen nicht singen: *Das kleine Väschen oben im Regal war so hauchdünn, daß Atemzüge ihm gefährlich werden konnten.*

Die Rückfahrt verbringen wir bedrückt und schweigend; das Schlimmste zu verhüten, waren wir angetreten und haben es nicht geschafft. Juror Goldt erzählt, daß er als Zwölfjähriger für seine Schwester zweihundert Flaschen Nagellack gestohlen habe, und zwar in der Drogerie, in der er auch nach der Schule gearbeitet habe; der Besitzer, ein hartherziger und böser Mensch, habe ihn angezeigt und sei dann seinerseits wg. Verstoßes gegen das Jugendschutzgesetz verurteilt worden, während er, Juror Goldt, damals als freier Mann nach Hause gegangen sei. So getröstet, läßt man sich vom schwitzenden, stämmigen Juror Schulz nach Hause kutschieren, und am nächsten Tag kauft man einen großen Posten Ohrenstöpsel.

Zum gleichen Thema das Jury-Mitglied Max Goldt:

„Wollen wir nicht wenigstens warten, bis einer zu singen anfängt?“

Das Senatsrockwettbewerbsjuryabhörwochenende

So ist er halt, der liebe Senat von Berlin: Er hat ein Herz für alles. Nicht nur, daß er der Homosexuellenszene via Opern-Subvention jährlich 60 Millionen Mark hintenreinbuttert, auch der verschiedengeschlechtlich programmierte Musikliebhaber weiß seine Musik, den sogenannten Rock, bei Senatens in besten Händen. Seit 1980 nämlich sitzt im 17. Stock des Europa-Centers ein Referent für freie Gruppen, Volksmund sagt auch Rocksenator, und verschenkt Geld und Gitarren an rhythmisches Jungvolk. Um herauszufinden, wer seine Gunst auch wirklich verdient, veranstaltet er alljährlich den senatlichen Rockwettbewerb. Mehr schmunzelnd als stolz muß ich hier anmerken, daß ich im ersten Jahr unter den neun Gewinnern war. Als Preis gab es damals fünf Tage im landeseigenen Beat-Studio und 2000 heiße Scheiben von einem selber. Aus letzteren baute sich mein Mitmusikant Pasemann ein zwar wackeliges, aber originelles Bettgestell, das er erst letztes Jahr, als sich seine Bettsituation dramatisch verbesserte, der Sondermüllstelle übergab. So mag es wie ein Augenzwinkern der Vorhersehung erscheinen, daß ich acht Jahre später selber in der Runde sitze, die allsommerlich zusammenfindet, um Schlimmes und nicht ganz so Schlimmes von unglaublich Schlimmem und Allerschlimmstem zu trennen. Um dazu die nötige Muße zu haben, begeben sich die 16 Experten – Rockkritiker und Veranstalter, Verleger, Funkfritzen und selber Aktive – deren Durchschnittsalter mit einiger Müh noch als 30 bezeichnet werden könnte, für drei Tage an einen stillen Ort in der Heide.

Der erste Tag

Ein PKW mit vier Experten zischt zielstrebig durch Lüneburg. Eine sicher lieb gemeinte Einladung, „umsonst 100 alte Kaffeemühlen zu besichtigen", müssen die Fachleute ausschlagen, denn drunten in Bad Bevensen, das nicht zu Unrecht Bad Bevensen heißt, wartet schon Rocksenator Fischer mit gnadenloser Stop-Uhr, möglicherweise tadelnden Worten und, was das Entsetzlichste ist: 256 Kassetten.

Ort der Klausur: Eine Heimvolkshochschule mit barockem Kloster anbei. Die Rheumaligisten, die auch gerade tagen, zucken jäh zusammen: Sahen sie da eben etwa eine grell bemalte 51-jährige mit untertassengroßem Ohrgehänge und zwei Champagnerflaschen im Arm, gefolgt von einer grölenden Meute, einem nüchternen Seminarraum entgegenschreiten? Ja, sie sahen *Monika Döring*, die Mutter Beimer und Mutter Courage und Mutter Teresa des Berliner Underground und 15 schräge Aktivisten, denen man auch tagsüber ansieht, daß Nachtleben für sie kein Fremdwort ist.

Punkt 19 Uhr beginnt das sogenannte „Hören", welches folgendergestalt vonstatten geht. Der Rocksenator sagt: „Jetzt kommt Kassette 1. Ihr wißt, es ist alles anonym. Die Gruppennamen erfahrt ihr erst am Schluß. Wenn ihr eine Gruppe nicht mehr weiter hören wollt, hebt die Arme in die Höh." Anschließend legt Sandy, sein putziger Assistent, die erste Kassette ein. „Igitt, das Intro!" mäkelt sogleich jemand, und ein anderer, ein Juryveteran, prophezeit: „Das wird wieder genau wie im letzten Jahr!" Etliche Arme schnellen nach oben. „Wollen wir nicht wenigstens warten, bis einer zu singen anfängt?" ruft ein Gremiumsnovize, der seinen Idealismus alsbald bereut, als ein Schreihals mit Schreien anfängt. Auf die Frage des Rocksenators, ob einer *das da* in der zweiten Runde wolle, kreischen 16 Kehlen nein. Kreischen macht bekanntlich durstig, und es stellt keineswegs die Aufgabe des Chronisten dar, hier zu verschweigen, daß von nun an so manche Flasche entkorkt oder entdeckelt, in Gläser gefüllt und im Nu ausgetrunken wird, worauf Nachschub zu beschaffen ist, der ebenfalls ohne Diskussion flink verzehrt zu werden wünscht. Sogar die disziplinierte Doro vom Café Swing, die mit 60 Hippiehemden im Koffer direkt von Bali nach Bad Bevensen kam, ruft nach Kassette 30 in die Runde „Wißt Ihr was? Ich trinke jetzt auch mal Alkohol." Von einem Mangel an Flaschen auf Tischen kann bald keine Rede mehr sein. Doch auch durch das grüne Geschimmer der Tafelbierflaschen kann ich noch den gegenüber von mir sitzenden Herrn vom *tip* sehen, der kippelt und kippelt. Ich wette darauf mit dem klugen, aber nicht besonders gut aussehenden Wiglaf Droste, ob er bei Kassette 50 oder erst bei 80 umkippen würde, aber er kippelt nur und kippelt, kippt aber nicht um. Die Vertreterin der Firma Vielklang mit dem schrecklichen Namen Sylvie Fukking macht indessen der Sängerin von *The Deep* vor, wie man einen Delphin-Mund macht, wobei ihr aber die Kontaktlinsen rausfallen. Während sie dann auf dem Boden herumkrabbelt, wobei man ihr bis sonstwo sehen kann, bewirft mich die SFBeat-Moderatorin Efa Schütte, hübsch wie die junge Zsa Zsa Gabor, mit Paprika-Chipsletten. Nebenbei läuft natürlich noch irgendwelche Musik karrierewilliger Berliner, mit

Rücksicht auf die Rheumaliga gottseidank nicht so laut.

Es ist aber durchaus nicht so, daß gar keiner hinhört, denn hinten in der Ecke sitzt der Gitarrist von *The Smash,* der alles in die Zwischenrunde wählt, was so ähnlich wie *The Smash* klingt, also ca. jede vierte Kassette. Die Damenriege links von mir votiert für alles, was nach „Metal" klingt, weil „Das hat doch was" und „geht doch gut los". Geistreichere Argumente werden selten laut. Von Synkopen, Subdominanten und Tritonüssen wird keineswegs gefachsimpelt, vielmehr bevorzugen die Fachleute volkstümlichere Kriterien wie „geil" oder „weg damit jetzt endlich".

Von besonders wenig preiswürdig klingenden oder deutsch singenden Interpreten (ca. 10% der Einsendungen) werden natürlich auch mal hämisch Photos rumgereicht. Das muß man aber verstehen. Wer würde nicht gerne mal sehen, wie einer aussieht, der singt „Mach die Tür zu. Schmeiß in die Ecke die Schuh", oder was für eine Frisur jemand hat, der mit deutlich schwäbischen Einschlag „Underground is like a sausage" wimmert? Doch das Interesse flaut allmählich ab. Monika Döring, deren eine Brustwarze man bei Kassette 68 sehen kann, legt sich bei Nr. 74 unter den Tisch und macht ein Nickerchen. Andere sind ausdauernder: Noch bei Tape 85 stellt Doro fest: „Irgendwie ist es viel lustiger, mit so vielen Leuten Kassetten zu hören als alleine." Doch fünf Beiträge weiter überfällt auch sie ein Dösen. Nach dem hundertsten Attentat auf unser Urteilsvermögen gehe ich mit einigen Presseheinis in „die Stadt" (Bad Bevensen), wo wir in der leersten „Discothèque" der Welt noch zwei Stündchen zu tief ins Glas schauen.

Der zweite Tag

Typischer Seminarteilnehmer-Frühstücksdialog:

„Sind bei euch im Zimmer auch so viele Fliegen?"

„Ja, total. Und stinkt eure Naßzelle auch so?"

„Ja, voll muffig. Das Müsli hier ist aber auch muffig."

Doch man ist gut gelaunt und schreitet beherzt dem weiteren „Hören" entgegen, wo noch 156 Kassetten mit Gequietsche, Gebrummel, Gepolter und Gekreisch warten. „Heute wollen wir aber mal ordentlich zuhören und nicht so wie gestern" wird einmütig beschlossen. Aki, die *The Deep*-Sängerin, trägt heute ihre viel Anklang findende Bühnen-Strickjacke und stellt korrekt fest, daß der Gemüsesaft von Kaisers in Bad Bevensen moderig schmeckt. Die Jurykladde des klugen und eigentlich gar nicht so schlecht aussehenden Wiglaf Droste ist total bekleckert, und der *tip*-Mann kippelt bedenklich. Die Fachrunde ist heute gnädig und delegiert fast alles in die zweite Runde, nur den tragischen *Lord Litter* nicht, der schon zum neunten Mal teilnimmt und noch nie gewonnen hat. Seinen Lebensunterhalt soll er mit Dia-Shows für Siemens bestreiten. Noch uninteressanter als diese Information sind die Texte, die die Vokalisten auf den scheußlichen Kassetten singen. Fast alle *are walking through the city*, was sie leider wie *ciddey* aussprechen zu müssen meinen, und während sie dann *through the ciddey* walken, kommen sie sich wie *in the geddou* vor, und als Refrain folgt dann etwas in der Art von *Please let me the rockmusic play*. Komischerweise singen auch alle die gleiche Melodie. Kommt aber mal was „Experimentelles", ist die Jury auch unzufrieden, und es wird gerufen, daß das ja bestimmt wieder nur so Fleisch-Schmeißer seien, und daß gerade ich als Vegetarier so etwas nicht fördern sollte, und außerdem seien das sowieso nur „Geräusche, die schlechte

Laune machen, wo einer mit nem Quirl rumquirlt." (O-Ton *Smash*-Gitarrist). Geradezu universelle Animosität schnellt mir entgegen, als ich es wage, als einziger der Gruppe *Love Hate Love* meine Stimme zu geben. Der Sänger singt ungefähr so, wie ich vor zehn Jahren gesungen habe, also in der Tonfindung, sagen wir mal höflich: eigenwillig, worin ich aber etwas Morrissey-Verwandtes höre und Morrisseyhaftigkeiten will ich wohl unterstützen. Vielleicht sieht der Mann ja auch aus, wie ich vor zehn Jahren ausgesehen habe, dann würde ich ihn gern mal kennenlernen. (Retrospektive Selbstbeschmeichelung) Aber, *lieber Love Hate Love-Sänger*, der Höhepunkt des Tages bist du nicht, der ist ganz anderen Strickmusters. Und „Strickmuster" ist hier ein sehr passender Ausdruck: Kassette 167! Porno-Ina Deter! *Kikki Chaos* und die Gruppe *Niemand*! Achtmal hintereinander zwitschert sie „Rapapapa", bevor sie feststellt, „Männer fühlen sich saugut an", und daß sie „etwas Rundes in der Hand" brauche, bevor sie einschlafen könne. Auf ihrem Textblatt findet sich auch die eigenartige Vokabel „Aaaarrrrgggh", was, wenn sie es singt, aber mehr wie „Uff" klingt. Kikki, eines solltest du wissen: Dein Tape ist das einzige, was sich die Jury mehrmals hintereinander anhört. Freiwillig, aber auch schenkelklopfend, das muß zugegeben werden. Leider haben nur der kluge und ziemlich gutaussehende Wiglaf Droste und ich den Schneid, dich in die Endrunde zu wählen, um damit das längst fällige Schneewittchen-Frauen-haben-Bock-auf-Rock-Revival einzuleiten.

In der Mittagspause wollten mein Zimmerkumpel und ich eigentlich ins Lüneburger Salzmuseum fahren, um dort unsere im Berliner Zuckermuseum gewonnenen Erkenntnisse kontrapunktieren zu lassen, aber die Zeit reicht nur für einen Abstecher zum Getränkegroßmarkt in Bienenbüttel. Das

„Hören“ nach der Pause gestaltet sich daher wieder getränkemäßiger. Ich öffne mein erstes „Dithmarscher Pilsner“ just in dem Moment, als der Sänger von *The Chud* „Take a look“ so singt, daß es wie „Dicke Luft“ klingt, worauf ich prusten muß, und meine Kladde genauso bekleckert wie die von Wiglaf ist. Wenig später spricht der Rocksenator ein Machtwort, weil zwei Leute Gläser spülen sind, zwei schlafen und der Rest, statt dem Eingesandten zu lauschen, im Kanon die Werbespot-Melodie von „Abfluß-Frei“, singt. Ab Kassette 200, über die Wiglaf in seine Klekkerkladde notiert „Klingt wie *U 2* in der Hanns-Martin Schleyer-Halle“, sind alle außer dem spitzohrigen Smash-Mann völlig debil. Die Frauen fressen geil Oliven, Monika betätschelt Sylvies Brüste, der *tip*-Mann kippelt zirkusreif, von der schönen SFB-Frau erfahre ich, daß die Ex-Wetterkartenmacherin von Radio Bremen ihre Hochzeit auf Video habe, die Sänger walken weiter *through the ciddey*, und Aki erzählt, daß Nina Hagen röche, „wie wenn man sich wochenlang nicht wäscht“. Nach Nr. 256 wird aufgeatmet und ganz laut *Prince* gehört.

Der dritte Tag

Wiglaf, Aki und ich tragen heute Sonnenbrillen, weil wir uns gestern nacht noch ziemlich nahe gekommen sind, als wir bis um fünf *Les mystères des voix bulgares* imitierten. Heute hat die Jury die Aufgabe zu entscheiden, welche 21 der ca. 70 Zwischenrundengruppen sie auch noch live an sieben Abenden im Quartier Latin zu hören verdammt ist. In diesem Prozeß ist eine beträchtliche Verringerung der guten Laune festzustellen. Meine sinkt auf den Nullpunkt, als ein nach allgemeiner Ansicht sehr mäßiges Band, was mit einer einzigen Stimme in die Zwischenrunde gewählt wurde, plötzlich eine überwältigende Zustimmung erhält, nachdem ein Jurymitglied entgegen den Spielregeln erklärt hat, die Kassette sei zwar wirklich nicht besonders, stamme aber von der Gruppe *Jingo de Lunch* und „eine so wichtige Gruppe" müsse man einfach wählen. Die vier Juroren, die sich dieser allgemeinen Trend- oder Kreuzberghörigkeit nicht anschließend mögen, werden dann auch noch wüst als Ignoranten beschimpft. Doch will ich nicht lamentieren. Ich will lieber beschreiben, wie ich mit dem klugen, sensiblen und sehr gut aussehenden Wiglaf Droste Federball spiele. Gleich heliumgefüllten Elfchen tanzen wir über den Rasen, unsere balinesischen Hippiehemden, die Doro uns freundlicherweise überließ, flattern synchron im Wind, und einmal schaffen wir 30 Schläge hintereinander. Abends wird ein kleines Restaurant im stillen Dannenberg von einer Horde unglaublich lauter und trinkfester Berliner überfallen, die im Kanon Werbemelodien von „Abfluß-Frei", „Calgon" und „Joghurette" plärrt.

Heimreise

Wiglaf Droste hat Verbrecheraugen und einen zu kurzen Rumpf. Er scheint unter Rumpfschrumpf zu leiden. (Rumpf ist das Zeug zwischen Gesicht und Gesäß.)

Als ich erschöpft zu Hause ankomme, stelle ich fest, daß der Natreen-Diät-Multivitamin-Mehrfruchtnektar in meinem Kühlschrank endlich begonnen hat zu verschimmeln, wie sich das ja wohl auch gehört.

Der innere Frieden ist blau

Steve Hackett / Genesis

Das Gesicht eines Mannes, der gelernt hat, mit dem Strom zu schwimmen, lächelt auf die Gemeinde herab, freundlich, sanft und milde. Man muß Steve Hackett im Sitzen hören, wer Beine und Geist zur Lotosblüte verbiegen kann, ist im Vorteil. Gebetsteppiche fehlen, kleine Klappern, hölzerne Halsketten, aber das nimmt dem Mann im taubenblau schimmernden Anzug nicht seine Seelenruhe. Bedächtig senkt er den linken Fuß auf das Klappfußbänkchen, rückt die Gitarre auf dem Schenkel zurecht und sagt, daß es gut ist. Wieder hier zu sein, und einfach alles. Der Gemeinschaft der Gläubigen gefällt das, das Bewußtsein steht achtundzwanzig Mark weit offen, man empfängt die Segnung.

Heavy Metal taugt nix, sagt der Ruhige und baut aus besseren Klängen eine schöne alte neue Welt. Shilum dideldum, ich in den Himmel kumm. Leis plingplangt die Laute, und lichtumschlossenglanzumrändert blauweißgelb prangt BuddhaBhaghwan-Boris im Thron, sag Mutter Gottes zu mir.

Als Kind habe er nur Stuhl, Gitarre und Bett gebraucht, erzählt Steve Hackett, das Bett hat er nicht mitgebracht an diesem Abend, zu gerne hätte man sich hineingelegt, aber Schlafengehen kann man auch in der Musik. Jede kleine *Genesis*-Melodie wird mit Jubel aufgenommen, unter dem Christbaum packen die Kleinen die Geschenke aus, die Augen leuchten, und das kommt nicht allein vom Rauchen. Die Finger schreiten durch die Saiten, würdevoll, es ist eine Prozession der Töne, nein, es tut mir leid, ich kann nicht bleiben, ich habe es furchtbar heilig. Präludi- oder Presbyterium, OM oder OMO? Man weiß es nicht, es ist Bach den Bach runter, hausgemacht, Aura et labaura.

Auch die *C&A*-Sorte Mensch hat ein Bedürfnis nach innerer Einkehr. Das Schließen des Sargdeckels dauert seine Zeit, auch dazu muß es Musik geben.

Oh Beauty of Doobeedeeboo

The Flying Pickets

Der Mann im blauen Fischgrätanzug tritt an den Bühnenrand, schiebt den weichen Hut ins Genick, nestelt am Knoten seiner weißen Kurzbreitlederkrawatte und lächelt wie ein Spitzbube. *Wir sind die Flying Pickets. Sechs Kehlköpfe, sechs Herzen und fünf Lebern.* Der große Blonde mit der Heldenfigur und der Faltenschlabberhose lächelt verzückt und schließt vor Inbrunst die Augen. *Baadibidum, Daabidibum, Dabidibidabum.* Der kleine Faxenmacher im eitergrünen Suit hopst vor seinem Mikrophon auf und ab und legt sein Gesicht in traurige Seehundsfalten. *Bommpomm, Bommpommpommpomm.* Der Eisengraue ganz in Weiß, der Mondgesichtmann mit dem schmalen Zopf und der kleine Hektiker mit dem lila Glänzehemd stehen ordentlich *in queue* hintereinander. *Uuuhaaahuuuh papadada.* Sechs Stimmen in strahlender Polyphonie, sechs britische Bunkengesichter, nicht diese Mutanten- und Reagenzglasvisagen, die man aus TV, PR und jetzt auch immer häufiger von der Straße kennt.

Summertime von Gershwin singen die sechs, *The cotton's as high as an elephants's eye* ergänzen sie, das Lied hat die traurig-witzige Zweischneidigkeit wieder, die Dutzende tragischer Jazzsängerinnen zerschrien haben, der blonde Siegfriedtyp bricht aus, eine Stimme so schwarz wie die Nacht, man schließt die Augen und hört Cab Calloways Brikettimbre aus jungen, starken Jahren.

Die Flying Pickets brauchen keine Instrumente, sie haben sich. Mit einem Zeigefinger und einer Backentasche steht *poffplopp* die Percussionstruppe, die schmetternde Bläsersektion sitzt etwas weiter hinten im Rachen, *blieblwablimpblwrindibriblib* wird mit der Zunge modernste Soundtechnik eingesetzt, *whuttutu* bollern die Elektronik-Drums zwischen den aufgeblähten Backen, und die einsam schwebende Trompete zwischen den Kneifzangenlippen hat sogar einen Dämpfer.

Die sechs Kauze machen mehr als nur wunderschön a capella singen; sie haben ihr Material zerlegt und mit dem Neuzusammenbauen den Kern, die Essenz freigelegt. Stings *We work the black scene* wird in ihrer Version zu dem, was es ist: *The first song a millionaire wrote about coalminers.* Eine Widerwärtigkeit, die der singende Religionslehrer Sting als solche nicht einmal begreift.

Die Flying Pickets sind immer noch die fliegenden Streikposten. Sie haben nicht vergessen, daß Arbeit Krieg ist: *The worker is a soldier on the economic front.* Das ist treffsicher, ohne jede Jammerei und ohne dickes Pathos, vor allem aber ohne zentnerschweres Leiden. Immer ist Platz für Dameleien, jeder hat seine eigene verschrobene Komik, da wird hemmungslos gedölmert und Unfug getrieben, bei *Super Trooper* verjüngen sich die Gesichter ins bestürzend Treuherzige, absurd schlenkernde Bewegungen wechseln sich ab mit Knabenchorgekalbere. *Dream dream dream,* man kann weitweg träumen in ihren Liedern, fortschwimmen, fliegen, und dann, mit einem Lachen, ist man wieder da, in der Welt. Links, wo das Herz ist.

Tutu-Tuut

Miles Davis

Miles Davis im *Internationalen Congress Centrum Berlin*: der richtige Mann am richtigen Platz. Alles ist sauber, steril und perfekt, nicht ein Tröpfchen Schweiß stört die klinische Atmosphäre, kein debiles Seid-ihr-alle-gut-drauf-Gejohle à la *Rockpalast*, keine Klatschmärsche, kein Zigarettenrauch, kein Pappbecher mit Bier.

Statt dessen: ein Sound wie aus dem feinsten CD-Player und ein Kongreß in Sachen musikalischer Höhenflug. Es referiert: Dr. Davis. Es gibt nicht eine Sekunde der Zufälligkeit. Miles Davis kontrolliert alles, auch den Applaus. Eine knappe Geste mit der Trompete, und Band wie Publikum tun ausschließlich, was ER will.

In einen silberschwarzen Stutzeranzug gehüllt, läßt Miles Davis die Fotografen von einer Seite der Bühne zur anderen flitzen, wirft sich kurz in eine verkitschte Pose, wechselt zum anderen Bühnenrand und wieder zurück, noch einmal, und so geht es hin und her in einem fort.

Seine Musik zitiert egalweg alles. Es beginnt mit einer Jazzrocknummer. Popschnulzen werden eingestreut, Funk wird uns vor die Füße gekippt, und immer ist es unverwechselbar Miles Davis.

Seine Band ackert entfesselt und enthemmt, aber ER ist der Motor, der Kopf und das Herz, Heizer und Bremser in einem. Sein Bassist, ein stabiler, guttural wirkender junger Mann mit Brikettfrisur und einem

Sound so massiv, daß man darauf laufen kann, steht vor ihm und läßt die Finger durch die Saiten schnellen. Eine Handbewegung vom Boß: „Haste nicht mehr drauf, Junge? Zeig mal was!“ Der Mann am Baß zeigt es, knüppelt, bei dem Tempo, mit dem er jetzt das Geboller rausdrückt, hätten sich die Kollegen längst ihre unegalen Finger gebrochen. Miles Davis gähnt dazu bzw. tut natürlich nur so, und hinterher lachen die beiden dann. Aber nur für sich. Nicht fürs Publikum.

Man bekommt für sein Geld die beste aller Musik, aber kein Gefühl. Ich bin der Meister, sagt Miles Davis, ihr kauft von mir Musik, aber nicht mich. Er sagt das spielerisch, mit Gesten wie Dem-Publikum-nur-den-Knackarsch-und-die-Trompete-zwischen-den-Knien-Zeigen. Das ist nicht verächtlich, nur stolz.

Kontrolliertheit heißt nicht Kälte: Miles Davis zündet ein Feuer an, und die Seele brennet lichterloh. Die gedämpfte Trompete echot, und der Altsaxophonist bläst ein Solo, wie ich es nicht für möglich gehalten habe: Er spielt aufs Zentrum, man kann den Ton in sich fühlen, und dann breitet er sich aus: Heiß, man muß sich selbst mit den Armen umklammern, weil man sonst zerplatzt. Und immer steigert er noch, das Saxophon brüllt, plötzlich hört man den eigenen Schrei in den Ohren, und als es vorbei ist, ist man gerade noch einmal davongekommen.

Miles Davis spielt Backe-backe-Kuchen-Melodien. *Time after Time* zerbröckelt, jeder einzelne Ton ist bloßgelegt, nackt. Es ist Schauspielerei, Miles Davis als Miles-Davis-Darsteller, die typisch gebückte Haltung, das Winken mit der Trompete: Musik als absolute Zuspitzung eines genialischen Kopfes.

Es gibt, außer dem Beischlaf und der Kugel in den eigenen Kopf, eine dritte sensationelle Art, in einen menschlichen Körper einzudringen: Miles Davis.

Kick in den Arsch der Zeit

Gatz Gatz

Da ist das, was wir träumen, und das, was ist. Dazwischen liegt eine Kluft, die tragen wir mit uns spazieren, die müssen wir jeden Tag neu aushalten. Sie zusammenhalten, weil es uns sonst zerreißt. Und deshalb müssen wir manchmal durch die Straßen toben, Lärm machen, uns verkriechen, in eine anonyme Menge eintauchen, an uns reißen, was wir kriegen können, lieben, daß es uns zerfetzt und wieder zusammenfügt und wieder zerfetzt. Oder eine Musik hören, die, weil sie das alles begriffen hat, uns für Momente wieder *ganz* macht. *The Big Music.* Manchmal, wenn das Gedudel leiser wird, können wir sie hören.

Besucher von Jazzkonzerten sind das Letzte. Friemelig und vergnatzt hängen sie in der Bestuhlung und hören den Musikern auf die Finger. Ganz begeistert von sich schnackeln sie mit dem Finger in der Luft herum. Der Dünkel ihrer objektiven Hör- und Kritikfähigkeit hat ihnen das Herz und die Ohren verstopft. Sie wollen nicht wissen, daß *Musik* Punk sein kann, Folk, Blues, Rock'n'Roll oder was auch immer, wenn sie nur nicht PlinkPlank ist und LaLa, sondern lebendig, widerstandsfähig, aggressiv, zärtlich, voller Liebe, Seele, Humor und Kraft. Sie wollen nicht Veränderung, sondern Bestätigung, nicht das *Alles*, sondern ihr kleines Eckchen davon. Sie sind die Ohren am Arsch der Zeit.

Man kann nicht *über Musik* schreiben, tschakktschakk einmal drüber weg. Man kann nur darüber schreiben, was die Musik in uns auslöst, was sie mit uns macht, wohin sie uns mitnimmt, wie sie uns führt, bewegt, befreit und unsere Körper glücklich macht.

Gatz Gatz sind *da*. Neun Musikerinnen und Musiker, *eine* Band, *ein* Atem. Sie scheinen sich körperlich zu spüren, nicht zu hören. Der Bläsersatz schmettert: Jumbo ruft die Tiere des Dschungels zusammen. Eine Wand aus Tönen. Dann, ansatzlos, hört man den Klang der Stille. Ruhig schaukelt der Bass, Schlagzeug und Percussion wiegen uns, die Stimme der Sängerin schwebt: „Big city, bright lights ...". Die vier Bläser kommen flächendeckend dazu, das Tempo wird hitziger, die Atmosphäre brodelnder, härter, eruptiver. Es beginnt mit dem Schlag des Herzens und wächst in den Körper hinein: *die große Trommel.*

„Dies wetze scharf dein Schwert, verwandle Gram in Zorn; erschlaffe nicht dein Herz, entflamm es." (Shakespeare, Macbeth). Musik kann eine Waffe sein, nicht bloß ein Stimulans, sondern ein Weg. Auf die Straße gehen und machen, was immer schon anlag. Einfach so, mit fröhlicher Wut, mit zärtlicher Gewalt, Denken und Tun sind eins. So klingt Gatz Gatz, und so klingt vor allem Michael Rodach: Der Mann ist kein Gitarrist, sondern eine Gitarre: schreiend, aufbrüllend, kreischend, nicht mehr bei sich bleibend, schmeichelnd, sanft, lässig, elegant, scheu, weil das alles zusammengehört und *eins* ist. Orkan, Chaos, Ruhe, Glück. Man kann das nicht oft so bedingungslos uneingeschränkt sagen: Ja! Ja! Ja! Wer an diese Musik sein Herz nicht verliert, der hat kein Herz zu verlieren.

De Greyt Ting Laaw

Die Transistors

Der alte Kahn ist am Absaufen, das Wasser in der Bar steigt stetig und streift bereits sacht den Sack, die Lampen torkeln funzlig durch den Raum, zerschneiden nur mühsam den Qualm, Pärchen klammern sich aneinander fest und versichern sich so wechselseitig ihrer Existenz. Mit dem Luxusdampfer sinkt auch die Moral, wüste Anträge gellen durch den Raum, auch ältere Damen beginnen mit schrillem Kichern die Kleider von sich zu werfen, ein junger Mann im Latexanzug schluchzt bitterlich, die Dicke am Tresen steckt sich ununterbrochen Lakritz in den Kopf, selbst der Oberkellner mit der korrekt sitzenden Fliege schwankt leicht. Nur die Band vorn auf der Bühne hält noch den Takt, stoisch starrt der Kapellmeister auf das sich vor ihm ausbreitende Szenario der Auflösung: ein schmächtiger Mann, silberne Plateaustiefel, schwarze Hose, lila Kummerbinde, weißes Hemd, grünes Bolerojäckchen aus Samt, die Posaune schwingend wie ein Harpunier.

Hinter ihm klopft der Trommler lässig auf die Kante seiner Snare, das linke Bein seiner elegant geschnittenen Hose hat er hochgekrempelt, um es beim Swingen der Fußpauke nicht durchzuscheuern. Schließlich geht es ihm, dem ehemaligen Fliegeroffizier, nicht so gut wie früher, nur eine Uniform und keine Brille zum Wechseln, und dann ist da auch noch sein Bruder, der sich nach dem schweren Unfall damals für einen jüdischen Entertainer hält und soeben sorgfältig den viel zu großen, kanariengelben Hemdkragen über den cremefarbenen Anzug klappt, bevor er mit offenem Mund teilnahmslos die Saiten des Kontrabasses zerzupft.

Die See geht hoch und der Wind weht, die Gläser haben Schlagseite wie die Gäste, im Orchestergraben strauchelt ein Musiker zum Akkordeon, das dünne Haar mit Wasser in die Stirn geklatscht und ein luziferisches Grinsen auf den Lippen; seine Augen beginnen zu glühen, und das Akkordeon scheppert wie Straßenlärm, als der entsprungene Professor aus Westlappland das Instrument an sich quetscht und das Kind im Manne mit ihm auf und davon galoppiert.

Schräg kreiselt der Spelunkenjazz, schief taumeln die Rhythmen, trudeln und torkeln die Harmonien, ein Gitarrist mit soßenweichen Bewegungen und einem Gesicht, als müsse er sich augenblicklich heftigst erbrechen, tänzelt traumversunken, wiegt sich hingebungsvoll. Neben ihm, Alptraum des amerikanischen Schlafzimmers, die Sängerin, *Adore me! Adore me!* kreischend, im großgeblümten Entsetzenskleid und eingerahmt von falschen blonden Haaren, wakkelpuddingunterlegt vom schmachtenden Säuseln der Saxophonistin.

Zwei Frauen und fünf Männer, alle aus Finnland, alle aufgezogen und in den Schlaf geschaukelt mit dem Fläschchen Selbstgebrannten, alle komplett vom Affen gebissen, mit tollen Namen wie Elina Hurme, Cris af Enehielm oder Ulf Krokfors. Die Transistors sind Dölmer und Rabauken, ihre Herzen gehören den großen falschen Gefühlen, Struwwelpeter (*Daumenlutscher Konrad / Schnipp schnapp die Daumen ab*) und leidenschaftlich geheucheltem Unsinn: *De greyt ting Laaw*. Für immer und immer.

The Köln Concert

Schwarze Tasten, weiße Tasten
Töne, die das Herz belasten
Hände, die nicht ruh'n noch rasten
Hasten über Tasten, Tasten

Das Ich & Der Kosmos

Am Himmel stehen die Sterne
Sie leuchten nur für mich
Sie haben mich auch noch gerne
Ich glaube, die sind nicht ganz dicht

Kummer der Liebe

Eine Pauschalreise

Ich bin ein Beutel *Bahlsen*-‚Fischli'-Salzgebäck
Den ein verliebter junger Mann
In einen braunen Umschlag steckt
– Versandtasche gefüttert, DIN A 4 –
Voll Sympathie und Herzenswärme.

„Uuuh – wie duster!",
Wird man mit Spucke zugeklebt.
Wird frankiert. Addressiert.
Wird per Eilpost expediert.

Rüttel.
Schüttel.
Rüttelschüttel.
(Reisen ist ja sooo aufregend.)

Geworfen wird man.
In die Welt?
Zunächst in einen dunklen Sack
Der muffig und nach Schuhschrank riecht.

Man wird geknufft. Sortiert. Wird zugestellt.
Und eine junge Frau
Vom Blauen Boten – klingeling – geweckt
Und jäh aus einem Traum gerissen
In dem sie Spree-Rosetten
– So heißen Negerküsse in der DDR –
Und eine Suppe von der Heilsarmee verzehrte,
Zahlt Einemarkundneunzig Nachgebühr

Und holt das *Bahlsen*-‚Fischli'-Salzgebäck
Ans Licht:

„Was ist das denn? Die sind ja alle kaputt! Völlig zerbröselt!
Also sowas Blödes! Balsen-‚Fischli'-Salzgebäck-Staub! Tssaahh!"

Ich bin ein Beutel *Bahlsen*-‚Fischli'-Salzgebäck
Den ein verliebter junger Mann...

Usw., Endlosschleife, langsames Fade-Out

Familienbande

Niemals bin ich ein Anhänger jenes weitverbreiteten Irrglaubens gewesen, man müsse in all die Mitmenschen, mit denen man zufälliger- und dummerweise verwandt ist, auch noch verliebt sein; seit sich aber nach einer langen Zeit des Exils vom familiären Schrecken immer häufiger Gesichter und Erinnerungen in Tag- und Alpträume hineinschleichen, gestehe ich mir doch die achselzuckende Fügung in die Einsicht zu, daß man seinen Wurzeln allenfalls bedingt entfliehen kann.

Besonders häufig, mitunter sogar recht gern, erinnere ich mich an den fünfzigsten Geburtstag meines Vaters. Dieser Tag erscheint mir heute als Kulminations- und Knotenpunkt meiner menschlichen Erfahrung; mit der Geballtheit aller Worte und Taten, mit der Wucht, die damals innerhalb nur weniger Stunden auf mich einhieb, erhielt ich wohl das Rüstzeug, um in den Fährnissen der menschlichen Gesellschaft zu bestehen.

Dabei ließ sich der festliche Akt zunächst eher harmlos an. Zwar hatten sämtliche Haupt-, Flach- und Nebenkräfte des Freundes-, Bekanntschafts- und Verwandtschaftslebens komplett ihr Erscheinen angedroht, und die gut einhundert Personen starke Meute tröpfelte auch nach und nach recht pünktlich ein, dennoch aber plätscherten die Gespräche zunächst eher zäh und gedämpft, und auch den alkoholischen Getränken wurde nur mäßig zugesprochen. Eine erste einschneidende Wendung erfuhr der Abend möglicherweise mit dem Eintreffen von Onkel Erich; dieser damals soeben in Rente gegangene knorrige Lastkraftwagenfahrer war in der gesamten Verwandtschaft gefürchtet für seine unablässig vor sich hinstinkenden Zehnpfennigzigarren und seinen schier unerschöpflichen Redeschwall, den er auf jedermann, dessen er nur irgend habhaft werden konnte, rückhaltlos ausgoß. Allein seine Frau, Tante Hilla, war in der Lage, ihn in seine Schranken zu verweisen: *Mach doch den Kopp zu, du Tünsel!* war die Zauberformel, mit der sie sich ihn erfolgreich vom Leibe hielt.

Onkel Erich jedenfalls begann augenblicklich nach seiner Ankunft einen ausladenden Bericht über seinen jüngsten Jugoslawienaufenthalt: *Alles Knallköppe da unten. Keine Ahnung von Rasenmähen und Heckenschneiden. Hab ich ihnen aber alles beigebracht, und nach zwei Wochen spurten die Brüder piccobello.* Währenddessen hatte er taktisch geschickt seinen Schwager, Onkel Horst, in eine Ecke des Sofas gedrängt und sich massig halb in ihn hineingedreht, um sich für die nächsten Stunden wenigstens einen Zuhörer fest zu sichern; Onkel Horst aber gehört zu jenen Menschen, die vor den sozialen, kulturellen und ethnischen Konflikten der Welt und ihrer Bewohner die Augen zu verschließen nicht bereit ist; das wie lapidar hervorgestoßene *Jugoschlawen, Jugoschlawen* seines Gegenübers Erich fand daher durchaus nicht seine Zustimmung, nennenswerten Widerspruch aber wagte er keinen, sondern griff wie schicksalsergeben zu einer von eben jenem Jugoslawienaufenthalt mitgebrachten Literflasche Slivowitz, schüttete sich ein großes Glas ein, schmetterte dieses auf einen Schlag hinab und goß augenblicklich nach, während Onkel Erich mit meckerndem Lachen die Geschichte erzählte, wie er bereits vor einigen Jahren seinem Nachbarn, während dieser einige Monate verreist war, den Garten *in Schuß gehalten* und dort sogar *mal richtig klar Schiff gemacht* hätte; ganze Anhänger voller Unkraut hätte er ausgerissen und weggeschafft, *geschuftet wie ein Berserker* hätte er, bis überraschend früh der Nachbar wiedergekommen sei und augenblicklich auf ihn eingezetert habe, er sei Botaniker und züchte seltene Pflanzen, *zigtausend Mark Schaden* usw., *von wegen seltene Pflanzen, alles gammeliges olles Kroppzeug, hähä*, polterte Onkel Erich.

Nur wenige Plätze weiter juchzte Tante Frieda, schwer gallekrank und strikt auf Diät gesetzt, *Ach was, nur ein kleines Likörchen, das schadet doch nicht* auf ihre Tochter Hannelore ein, die mit den prophetischen Worten *Frieda, morgen ist Galletag* ein- und später auch bereitwillig nachschenkte; vor dem nach einigen Stunden sich dann zügig abspulenden Debakel *Oh! Bin ich schlecht! Bin ich schlecht! Ich hab Malheur gemacht!* aber hatte Tante Frieda zunächst noch Gelegenheit, über ihre Schwägerin Luise herzuziehen, die seit dem Tod ihres Mannes vor sechs Monaten bereits sieben Heiratsanzeigen aufgegeben hatte: *Die ist doch vom Stamme Nimm! Willi war noch nicht kalt, da hatte die schon drei Neue!*

Inzwischen war auch meine Großmutter, im folgenden auch Omma bzw. Omma Kotsch genannt, eingetroffen, eine übermäßig rüstige, hektische und ruhelose Person, wie ja überhaupt unseren Greisen immer häufiger ein wütendes Nichtruhegebenwollen, ein Hang zum ewigen Weiterramentern eigen geworden ist – ich sage nur: Trude Unruh, Graue Panther und alles! – meine Omma jedenfalls hatte bis zu ihrem späteren unfreiwilligen Ausscheiden einen Hauptanteil am Scheitern bzw. eben auch Gelingen dieses prächtigen Abends. Aus einer völlig zerrütteten Ehe inclusive Scheidung hatte sie schon vor Jahren die originelle Schlußfolgerung gezogen, Ehe und Familie allein seien die Horte irdischer Freude, die sie fortan schützen und bewahren zu müssen glaubte. Opfer dieses Trugschlusses waren in erster Linie meine armen

Eltern, deren Glücksstern nach fünfundzwanzig Ehejahren durchaus schon etwas matter funkelte, als Omma Kotsch das wahrhaben wollte.

Zum fünfzigsten Geburtstag meines Vaters hatte sie eine mehrschichtige Säuberungsstrategie ersonnen; ihr Plan sah vor, im Obergeschoß des Hauses, in das sich die jüngeren Besucher, allesamt Freunde meines Bruders, zurückgezogen hatten, zu beginnen, das Feld quasi von außen her aufzurollen und dann ins Zentrum des Feindes vorzustoßen. Gegen zweiundzwanzig Uhr erschien sie, zunächst unter dem Vorwand, nur mal nach dem rechten sehen zu wollen, *Habt ihr auch alles? Noch paar Klöpschen vielleicht?* in der oberen Etage, wo mein im übrigen komplett volljähriger Bruder und seine Besucher zwischen heftigem Alkoholgenuß und Monopoly-Spielen hin- und herpendelten. Nur knapp zwanzig Minuten später tauchte sie erneut auf, diesmal bereits mit einem Plastikeimer in der Hand, in den sie rigoros den Inhalt der Aschenbecher wie auch der Weingläser hineinfeuerte und barsch erklärte, jetzt müsse *Schluß sein, wenn die Eltern das wüßten, dieser Radau immer, um elf Uhr hängt die Hose kalt am Bett!*

Mein Bruder, von diesem Frontalangriff völlig überrumpelt, ja übertölpelt, leistete zunächst keinerlei Gegenwehr, einer seiner Freunde allerdings konnte sich ein heftiges Grinsen nicht verkneifen. Er brauche hier *gar nicht zu grienen*, fuhr ihn meine Omma augenblicklich an, *Was wollen Sie überhaupt hier, Sie feister, speckiger Kerl?* Dem so Angeredeten verschlug es blitzartig die Sprache, meine Omma aber, von ihrem zweifachen Punktgewinn beflügelt, knottete, paukte und drosch nun völlig enthemmt auf die Monopoly-Truppe ein. *Was haben Sie hier verloren? Sie sind doch schon durch alle Betten gegangen!* mähte sie die Freundin meines Bruders nieder, und *Lassen Sie das stehen.*

Sie sind hier nicht auf dem Sozialamt! riß sie einem weiteren Gast ein Schälchen Erdnüsse jäh aus den Fingern.

Auch im Erdgeschoß hatte unterdessen der Nahkampf begonnen. Onkel Karlheinz, der allgemein „Doktor" genannt wurde, weil sein Vater während des Zweiten Weltkrieges als Trichinenbeschauer gearbeitet hatte, hatte sich nach dem zügigen Austrinken einer Flasche Korn erhoben und fragte, wie auf jeder Feier, mit gespielter Arglosigkeit: *Kennt einer von euch den Taucher?* Wie immer lautete auch an diesem Abend die scheinheilige Antwort: *Den Taucher? Nee. Kennwanich,* woraufhin Karlheinz in Positur schwankte, um eine unglaublich schmutzige Version einer Schiller-Ballade von sich zu geben, soweit seine Trunkenheit dies überhaupt noch zuließ, und im folgenden ein Füllhorn des heillosen Gestammels auf seine natürlich begeisterte Zuhörerschaft herunterzupeitschen.

Der Plan meiner Omma trat mittlerweile in seine zweite Phase. Nach dem Blitzsieg im Obergeschoß näherte sie sich nun bedrohlich der zweiten Etage, in diese aber hatten sich, zum Zwecke des wechselseitig aneinander zu vollziehenden Geschlechterverkehrs, ein weiterer Onkel dieser an Onkeln und Tanten so überaus reichen Familie, Onkel Rolf, zweiter Schwiegersohn meiner Omma, sowie eine ebenfalls durchaus verheiratete Nachbarin, deren Ehemann sich im Erdgeschoß zielstrebig zutrank, zurückgezogen, was wiederum meinem Bruder nicht verborgen geblieben war. Dieser eilte nun, um das Schlimmste, das Auffliegen der außerehelichen Verschränkung, die im allgemeinen Gewühl bisher verborgen geblieben war, zu verhüten, in die mittlere Etage und hämmerte, meine Omma schon hinter sich wähnend, wie von Furien gehetzt, an die Tür des Gästezimmers, *Macht euch nicht unglücklich! Macht euch nicht unglücklich!*, sprang wieder zurück auf die Treppe, um meine Omma abzufangen, in Schach zu halten und unter fadenscheinigen Begründungen ein Stockwerk weiter zu schikken, jagte, nachdem dies trotz des geradezu notorischen, ja ins Medizinische schon lappenden Mißtrauens der alten Frau erstaunlicherweise glückte, wieder zurück, mahnte und drangsalierte die Eingeriegelten zur sofortigen Aufgabe ihrer unseligen Unternehmung, was ihm schlußendlich sogar gelang, und riet dem mit strubbeligen Haaren unfroh und mürrisch in der Tür erscheinenden Paar dringend, es möge sich doch zunächst *im Garten verstecken* – ein ganz und gar widersinniger, wenn nicht sogar teuflischer Ratschlag, dem zumindest mein Onkel unverständlicherweise sogar Folge leistete; er wurde in den frühen Morgenstunden in den dichten Tannen des Nachbargartens stehend und heiser *Ist die Luft rein?*-wispernd angetroffen. Daß die Geschichte nicht herauskam, hatte er allein dem Umstand zu verdanken, daß seine Ehefrau sich derartig mit diversen Alkoholika vollgesogen hatte, daß sie unentwegt davon faselte, sie müsse das *Robbenfleisch anbraten, Robbenfleisch für dreißig Polen*, eine Behauptung, die ihr aber bei bestem Willen und stärkster Angetrunkenheit keiner der übrigen Gäste abnehmen wollte, sodaß sie sich schließlich selbst in den Schlaf salbaderte und schnarchend zwischen zwei Verwandten minderen Grades einschlief.

Im Zentrum des Geschehens war mittlerweile Onkel Erich beim Rußlandfeldzug angelangt; hier aber verweigerte ihm die streng sozialdemokratisch orientierte und gesonnene Verwandt- und Besucherschaft kollektiv das Gehör. *Das einzige, was du noch hochkriegst, ist der rechte Arm!* johlte ohne jede familiäre Rücksicht seine Ehefrau, Tante Hilla, und brach in haltloses Geschepper und Gequietsche aus.

Mein Bruder, jeglicher Rettungsaufgaben enthoben, war indessen in die Fänge des Geschäftsführers einer Küchenmöbelfabrik geraten – im Ostwestfälischen gibt es, nebenbei bemerkt, mehr Küchenmöbelhersteller als potentielle Käufer dafür, aber die Geheimnisse und spezifischen strukturellen Probleme dieser Branche können hier leider nicht weiter vertieft und erläutert werden –, jener Geschäftsführer nun quallte, im Furor und Feuer der in seinen aufgeblähten Leib hineingeworfenen Getränke auf meinen Bruder, einen eher unpolitisch vor sich hinlebenden Vertreter des laisser faire, des laisser passer ein, was er denn wolle, ja, was überhaupt alle wollten, *Was wollt ihr eigentlich, ihr ... Linken?* teufelte er, woraufhin mein Bruder sich augenblicklich hinter einem Glas verschanzte, wobei ihm sein Patenonkel Heinz heftig zur Seite sprang bzw. torkelte, er, *der blöde Fabrikantenarsch* (was im übrigen nicht einmal zutraf, handelte es sich doch nur um den Geschäftsführer), solle *die Jugend zufriedenlassen,* wobei er mit großer, schwungvoller Geste einmal ins Runde zeigte, obwohl dort keinerlei Vertreter irgendwie gearteter Juvenilität, sondern nur ein Trupp grau-erloschener Nachbarn auszumachen war, dies seien *die Garanten der Zukunft,* jawohl, plötzlich heftig schluchzend meinen Bruder umklammerte und *Ihr seid die Garanten der Zukunft!* jaulte, ein Satz, von dem er sich für den Rest des Abends nicht mehr trennen noch verabschieden wollte.

Neben diesen einigen wenigen Ausfällen hielt sich der Rest der Gäste noch erstaunlich senkrecht, ja, es konnte durchaus von einer aufgelockerten, heiteren Partystimmung gesprochen werden; die ausgesprochen russische Atmosphäre weinender Männer, Selbstbezichtigungen usw. machte sich, zumindest zu diesem Zeitpunkt, allenfalls an den Randbereichen bemerkbar, aber nun, taktisch äußerst gewieft, brachte meine Omma den letzten Teil ihres Plans zur Ausführung. Auf dem Weg zum jetzt recht häufig frequentierten Bad nämlich lauerte sie den mehr oder weniger geschwächten, angeschlagenen Gästen auf, um ihnen mit Grabesmiene und -stimme mitzuteilen, meinem Vater gehe es sehr schlecht, *ach, es iss was, es iss was,* jammerte sie, er sei schwer krank, hinfällig und eigentlich so gut wie tot, habe aber natürlich das geplante Fest nicht absagen wollen, *Hach, diese Aufregung! Diese Anstrengung! Diese Strapazen!* zeterte die alte Frau nun völlig unverhohlen, *Es ist besser, wenn Sie jetzt gehen!*

Ihr heimtückisches Geschwätz führte rasch zu einem stetigen Aufbrechen Dutzender von Gästen, die sich besonders warm, herzlich, ja, pietätvoll beinahe, von ihrem Gastgeber, meinem überaus vitalen und kerngesunden Vater, verabschiedeten, was ihm bis heute den gänzlich ungerechtfertigten Ruf eines Teufelskerls eingebracht hat, der, obwohl mit dem Tode ringend, noch zu feiern verstand wie kein zweiter.

Meine Omma aber kauerte noch immer hinter einem Treppenabsatz und zischelte Düsteres auf ihre Opfer ein, bis mein Vater, der irgendwie Unrat witterte, sie entdeckte, als sie gerade wieder ihre monströse Lüge auf ein schon besorgt mit den Köpfen wackelndes Nachbarnehepaar häufte, woraufhin er, nicht bange, sie kurzerhand packte, schulterte, die Treppe hinaufschleppte, ruckzuck in ein Zimmer sperrte und den Schlüssel fortwarf – zu spät allerdings, die böse Saat meiner Omma war längst aufgegangen. Das Haus leerte sich, und nur Tante Martha und Onkel Paul, die sich in fünfzig Jahren Ehe alles gesagt hatten, was es zu sagen gab, hockten noch mürbe in einer Ecke und kuckten Löcher in die Luft. *Hä-ä, hä-ä,* sagte Tante Martha, *Hä-ä-ä, hä-ä-ä,* antwortete Onkel Paul.

NEU !

BUCHSTABENSUPPE „ADOLF“

NATÜRLICH VON BIRKEL.

Gürtellinie, Dudenfrage

Wenn man, Hände auf dem Rücken, unsere schöne Kulturstadt abschreitet und inspiziert, kann es einem passieren, daß ein Mitmensch ohne geeignete Ventile die Straße entlanggerast kommt, armerudernd, beineschlenkernd und die Fäuste ins Leere kloppend, *Ihr Schweine! Ihr Schweine!* kreischend, schattentretend und zeternd, wahllos und ungezielt verblüffte Passanten anblökend, eine Gebetsmühle auf Beinen ohne hinreichendes Überdrußrepertoire.

Woher soll es auch kommen? Die Hohe Kunst der tödlichen Beleidigung wird nicht gelehrt, und die Angebervokabel *Streitkultur* meint bloß das wohlfeile Kaffeekränzchengeschwätz des medialen Gewurschtels. Man trägt wieder Gürtellinie, am liebsten als Halskrause, ist von jeder Bagatelle *erschüttert,* findet jedwede Lebensäußerung *unerträglich* oder besser noch *zynisch und menschenverachtend* und ist grundsätzlich *betroffen.*

Und zwar sturz. In Trauerarbeitslagern treffen sich neue Weinerlich- und alte Mitscherlichkeit zum Händeschütteln mit Kanzler und Krawczykeria, geeint im Von-allem-und-jedem-Beleidigtsein steht man am Tränenbottich.

Wohlig erschauernd dagegen liest man im jeweiligen Gürtellinienblatt, was einen schon zu Lebzeiten in die Klassizität überführt. Die eigene popelige Existenz muß zur *Jahrhundertchance* gebläht werden, eine Nummer kleiner besteht permanenter *Handlungsbedarf.* Mit Imponier- und Spreizwörtern von *Essential* bis *Profil* werden Bedeutung, Größe und Würde herbeigelabert, und bei Zwischenrufen wird Totensonntag angeordnet. Ist das Hirn zu kurz gekommen, wird sehr gern Moral genommen.

Die Endlösung der Dudenfrage schreitet hurtig voran; bis es aber soweit ist, wird noch kräftig Öl auf die Mühlen gegossen, und Wasser ins Feuer.

Gedicht & Einsicht

Ab und an
Schreibe ich Gedichte
Und mache sie dann
Weise wieder zunichte

Inhaltsverzeichnis

FWB